KB213243

문화와
역사를
담 다
ᄋ 4 7

성파스님의
다락방

성파스님 그림
노성환 글

민 속 원

저자 서문

　이 책은 15대 조계종 종정이신 성파스님의 「다담집茶談集」이다. 2021년 4월부터 통도사 서운암에 나의 연구실과 교실이 생겼다.

　스님께서는 그 해 「통도사 차문화대학원」을 설립하시고, 대학에서 정년 퇴직한 나를 대학원장이라는 소임을 맡기셨다. 그리하여 지금까지 일본문화 연구에 전념했던 내가 통도사에서 새롭게 차문화의 연구와 함께 교육도 함께 하게 된 것이다.

　스님은 나의 연구실을 "다락茶樂"이라는 특별한 이름을 지어 주셨다. 그리하여 그 방은 자연스럽게 다락방이 되었다. 스님은 가끔 다락방을 들리신다. 그때마다 함께 자리하고 있는 사람들과 차를 마시며 여러 가지 이야기를 즐긴다. 이때 나도 물론이지만, 같이 있는 회원들도 사소한 것에서 무거운 것까지 스스럼없이 스님에게 질문이 쏟아지는 일이 많다. 그때마다 스님은 격식을 따지지 않고 허심탄회하게 시원하게 해답을 내어 놓으신다. 그야말로 즉문즉설卽問卽說의 법회이다. 그러므로 형식이 있을 수 없다. 스님의 다담은 군더더기가 없고 어려운 표현이 없다는 것이 특징이다. 그리하여 대중들이 알아듣기가 너무나 쉽다.

그러나 그것을 담고 있는 내용은 결코 가벼운 적이 없다. 몇 번이나 곱씹어 볼수록 가치를 발휘하는 훌륭한 법문이다. 스님의 마무리는 언제나 그것과 관련된 한문으로 된 고전의 명언을 노트에 적으시는 것으로 하신다. 그리하여 우리는 그것을 위한 별도의 노트를 항상 준비해두고 있다.

이같은 스님의 다담이 나 개인의 기억으로만 남겨지는 것이 아깝다는 생각이 들었다. 그리하여 시간이 날 때마다 조금씩 정리해두었다. 그리고 그것을 수업을 통하여 우리 회원들에게 조금씩 소개하기도 했다. 그러자 반응들이 놀라웠다. 이를 보고 들은 많은 이들은 "이것은 우리들만이 듣고 보고할 것이 아니라 많은 사람들에게 알리는 것이 좋겠다."는 의견들이 쏟아졌다. 처음에는 겁이 났다. 나는 지금까지 연구논문을 작성하고, 연구 저서만을 내었기에 아무래도 나의 글은 딱딱하여 무미건조한 문체일지 모르며, 또 서툰 실력으로 성파스님의 「다담집」을 낸다는 것이 자칫하면 본의와는 달리 스님에게 누가 될까 염려가 되었기 때문이다.

그러나 시간은 우리를 그냥 가만히 놓아두지 않았다. 시간이 갈수록 스님의 다담은 우리의 다락방에 차곡차곡 쌓여갔고, 그것을 정리한 나의 어설픈 작업도 계속되었다. 이러한 사정을 조심스럽게 스님께 말씀드렸다. 스님은 처음에는 자신의 말이 책으로 나온다는 것에 대해 크게 달가워하시지 않았다. 마치 자신의 학문과 사상의 경계를 남에게 드러내는 것 같아 거부하시는 것 같았다. 그리하여 나는 스님의 다담 중 차와 관련된 부분만을 뽑아 책으로 엮자고 일종의 타협안을 제시했다. 그러자 스님은 그제야 거부감을 거두시며 "그것은 나의 해석이 아니라, 모두 기존에 있는 것을 가지고 활용하였을 뿐이다. 그것에 대해 크게 의미 부여는 하지 말았으면 좋겠다. 그러나 다도를 하는 데 조금이라도 도움이 된다면 출판해도 좋다." 하시는 것이었다. 즉각, 이 사실을 민속원의 홍종화 사장에게도 연락하여 상의를 했다. 그러자 홍사장은 재빨리 통도사를 방문하여 스님을 찾아뵙고, 그 자리에서 성심을 다하여 좋은 책을 만들어 보겠다고 약속했다. 그 결과 2021년 4월부터 2022년 4월까지 거의 1년간 들었던 스님의 다담을 정리하게 된 것이다. 이 책을 『성파스님의 다락방茶樂房』이라고 한 이유도 바로 여기에 있다.

스님은 그림을 그리는 화가로서 세상에 많이 알려져 있다. 이것은 스님의 한 부분이다. 또 어떤 이들은 스님을 옻칠 전문가, 염색전문가, 도예가, 한지 제작자, 된장을 담그는 장인이라고도 한다. 또 다른 말로 스님을 부르고 있을지 모른다. 내가 보기에는 이러한 것들은 모두 스님의 일부분만을 나타낸 말이다. 그것은 일종의 방편에 불과할 뿐 궁극의 목적이 아니다.

스님은 과거 전통 사찰이 우리나라의 건축, 공예, 미술, 음식 문화의 산실이라는 인식을 가지고 계신다. 이러한 전통문화를 복원하고 유지 발전하고자 하는 데 노력을 기울인 결과 다양한 모습으로 보여진 것이다. 스님은

"나의 왼팔은 문수요, 오른 팔은 보현이다."는 말씀을 하신다. 그 말은 "나는 이판이요, 사판이기도 하다."는 말처럼 들리기도 한다. 다시 말해 스님의 모든 행위는 말과 행동을 함께 실천하는 수행정신에 근거를 두고 계시는 것이다.

내가 지금까지 곁에서 지켜본 스님은 진리의 세계를 향해 말없이 뚜벅 뚜벅 걸어가는 학승의 모습이다. 스님의 전통문화에 대한 작업은 겉으로 드러난 모습일 뿐 결코 내면의 참된 모습이 될 수 없다. 부처님의 가르침을 전통문화를 통해 실현하는 스님의 진정한 모습을 이 책을 통해 조금이나마 확인하는 기회가 되기를 간절히 바랄 뿐이다. 끝으로 나의 보잘 것 없는 작업을 기꺼이 출판하게 허락해주신 스님에게 다시 한번 감사를 드린다. 그리고 어려운 경제적 여건 속에서도 출판을 맡아준 홍종화 사장의 용기와 결단에 감사를 드림과 함께 이 책이 나오기까지 꼼꼼히 챙겨준 민속원의 편집부 여러분들께도 감사를 드린다.

2022년 9월 26일
영축산 연구실에서

목차

**차 한잔으로
도를 논하다**

1

통도사 차문화대학원을 열다

다락방茶樂房을
열다

오늘 소위 통도사 서운암 토굴이라는 곳에서 나의 연구실을 열었다. 토굴의 주인은 성파스님이다. 대학에서 정년퇴직한 나의 연구실을 스님이 마련해주신 것이다. 이 날 고마운 지인들이 몰려와 텅 빈 연구실에다 비품을 들이고, 배치하느라고 분주하게 움직였다. 일단 정리를 다 끝나갈 무렵 스님은 걱정이 되셨는지 연구실에 들어오셨다.

먼저 내가 스님께 정중히 감사의 인사를 올린 후 내가 여태껏 연구해온 일본의 역사와 민속뿐만 아니라 새롭게 「차문화」도 함께 연구해보겠다고 말씀을 드렸다. 그러자 스님은 "그것은 내가 기다렸다는 바이다."고 하시면서 대단히 기뻐하셨다. 그리고 조선시대 초기에 함허득통涵虛得通(1376~1433)*

---

*   1376년 충추 출생, 속성은 유씨(劉氏). 호는 득통, 법호가 함허이다. 첫 법명은 수이였다가

스님의 「권다시勸茶詩」가 있다고 하시면서 노트에 그 시를 쓰시고는 우리들에게 감상해보라고 하셨다. 그 시의 내용은 다음과 같다.

此今一椀茶	지금 이 차 한잔에
露我昔年情	나의 옛정을 드러내고
茶含趙老風	차는 조주의 가풍을 담았으니
勸君嘗一嘗	그대에게 권하노니 한번 맛보시오.

나중에 기화로 고쳤다. 부친은 전객시사 청이었고, 모친은 방씨(方氏)로 양반 출신이었다. 모친 방씨는 오랫동안 아들이 없어 관음보살에게 기도를 했다. 그러자 어느 날 꿈에 관음보살이 나타나 아이 하나를 품에 넣어주시고 갔다. 그 후 얼마 지나지 않아 태기가 있어 아들을 낳으니, 그가 곧 함허득통이었다. 그는 어렸을 때부터 학문적 성취가 남달랐다. 그가 21세가 되었을 때 함께 공부하던 친구가 죽는 것을 보고, 세상의 무상함을 깨닫고 출가를 결심하고, 경기도 양주 회암사의 무학자초(無學自超)를 찾아가 제자가 되었다. 그의 오도송은 「행행홀회수(行行忽廻首) 산골입운중(山骨立雲中)」이었다. 즉, 「다니고 다니다가 갑자기 머리를 돌리니 산뼈가 구름 속에 우뚝 섰다」는 뜻이다. 1406년 문경 공덕산 대승사에서 4년 동안 금강경을 강석하였고, 1414년에는 황해도 평산의 자모산 연봉사에서 3년간 수행하며 『금강경오가해』를 강석했다. 1420년에는 오대산에 들어가 정갈한 음식을 준비하여 오대 성인들에게 공양하고, 영감암에서 나옹의 진영에 제사했다. 그 날 꿈에 신승이 나타나 「경명기화권호득통(卿名己和闕號得通)」이라 했다. 즉, 이름은 기화, 호는 득통이라는 뜻이다. 이로써 스님은 공손히 절을 하고 꿈을 깼다. 이 경험을 한 후 스님은 월정사에 주석하면서 한적한 방에 고요히 앉아 일생을 마칠 때까지 주리면 먹고, 목마르면 물마시며 세월을 보냈다. 1431년 문경 희양산 봉암사에 들어가 쇠락한 절을 중수했다. 1433년 발병해 심신이 편치 못하던 어느 날 스님은 조용히 앉아 「湛然空寂本無一物/ 更無心身受彼生死/ 去來往復也無罣碍/ 靈光赫赫洞徹十方/ 臨行擧目十方碧落/ 無中有路西方極樂(담담하고 고요해서 본래 한 물건도 없는 것이니/몸과 마음 또한 없고 생사 받음 역시 없다네/ 그러므로 오고감에 걸림이 없으니/ 마음 밝고 밝아 온천지에 두루 통하네/ 행하며 바라보니 온 세계에 푸른 옥돌 흩어져 있고/ 길없는 가운데 길이 있어 서방 극락으로 통하고 있네」라는 열반송을 읊고는 입적했다. 스님의 저서로는 『현정론(顯正論)』, 『원각경소(圓覺經疏)』3권, 『금강경오가해설의』2권 1책, 『윤관(綸貫)』1권, 『함허화상어록(涵虛和尙語錄)』1권이 있다. 그 밖에도 『반야참문(般若懺文)』1권이 있다고 하나 전하지 않는다.

이 시는 단순히 내용만 보면 상호 신의를 바탕으로 오랜 우정을 쌓아온 친구에게 차를 권하는 권다시로 볼 수 있다. 그러나 본래 이 시는 그러한 시가 아니다. 이 시는 득통 스님이 입적한 사형인 옥봉玉峯 스님의 영전 앞에서 차를 올리며 지은 시이다. 그러므로 헌다가獻茶歌라고도 할 수 있다. 이 시를 성파스님은 불가에서 대표적인 권다시로 활용하신 것이다.

이 시의 매력은 차를 권하는 자가 자신의 차에 옛정과 조주의 가풍이 들어있다고 강조하고 있는 점이다. 그러므로 특별한 차라는 것이다. 흔히들 차의 가치를 색깔과 향기, 그리고 맛에 치중하고 있지만, 득통스님은 옛정과 조주의 가풍을 강조하여 선승다운 면모를 보이고 있는 것이다.

여기서 언급되는 조주선사趙州禪師(778~897)*는 「끽다거喫茶去」라는 화두로 다인들에게는 너무나 유명하다. 그것에 관한 이야기를 간략히 소개하면 다음과 같다.

조주 선사가 어떤 승려에게 물었다. "여기에 온 적이 있는가?" 스님이 대답했다. "온 적이 있습니다." 화상이 "차 한잔을 마셔라."고 말했다. 또 다른 승려가 찾아왔다. 조주 선사는 "여기에 온 적이 있는가?"라고 물었다. 그 승려는 "온 적이

---

* 당나라 말기의 승려. 남전보원(南泉普願)의 제자. 속성은 학씨이며, 산동성(山東省) 조주(曹州) 출신으로 어려서 고향의 용흥사에서 출가했다. 숭산 소림사 유리계단(琉璃戒壇)에서 구족계(具足戒)를 받았으나, 경전과 계율의 탐구에 뜻을 두지 않고 여러 총림을 행각하며 선사의 길을 걷다가 안휘성 귀지현 남전산의 남전스님 문하에 입문하여 법을 이었다. 80세 때부터 조주성(趙州城) 동쪽 관음원에 머물러 호를 조주라 하였으며, 평생 검소한 생활을 하고 시주를 권하는 일이 없어 고불(古佛)이라는 칭송을 들었다. 897년 120세로 입적하였으며, 제자들에게 사리를 줍지 말 것을 유언으로 남겼다. 스님은 특히 화두를 많이 남겨 후대 선승들의 수행 과제가 되었는데, 『벽암록』에 전하는 100개의 화두 중 12개가 스님의 것으로, 특히 무자화두(無字話頭)와 정전백수자(庭前栢樹子), 끽다거가 유명하다.

없습니다."고 대답했다. 그때 조주 선사는 "차 한잔을 마셔라."고 말했다. 이것을 옆에서 지켜본 원주가 물었다. "온 적이 있는 사람이나 온 적이 없는 사람에게 모두 차 한잔을 마시라는 뜻은 무엇입니까?" 그러자 조주 선사는 "원주, 자네도 차 한잔 들고 가게."라고 말했다.

이 화두는 많은 사람들이 온 적이 있고 없고를 따지는 분별심마저 없애야 하며, 도道란 먼 곳에 있지 않고 한잔의 차를 마시며 살아가는 일상 속에 있다는 의미를 담고 있다고 해석된다. 이 시를 접하자 여러 가지 분별심 이 생겨 머릿속으로 복잡한 해석들을 떠올렸다. 그때 스님은 또 다른 시 한편을 더 쓰셨는데, 그 내용은 다음과 같다.

一椀茶出一片心	한잔의 차는 한조각 마음에서 나왔고
一片心在一椀茶	한조각 마음은 한잔의 차에 담겼도다
當用一椀茶一嘗	마땅히 이 차 한잔 한번 맛보게나
一嘗應生無量樂	한번 맛보시면 한없는 즐거움이 생겨나네

이것 또한 함허득통이 사형인 진산珍山대사가 입적하였다는 소식을 영전에 찾아가 향과 차를 올리고 지은 헌다수어獻茶垂語에서 나오는 헌다가 이다. 그 내용을 원문과 함께 번역문을 소개하면 다음과 같다.

心地虛融 大禪師珍山大師兄 當以不聞聞 聽我無說說 山僧昨晩 才入山下路 不向壇下立 早與齊眉擊目 早與燒香設茶 早與商量介事了也 今日到來 更不用 燒香設茶 更不用商量介事 然雖如是 事無一向 理無偏取 亦不妨重新致禮 亦不

妙更與商量 遂拈 香云 一片香從五分香 五分香具一片香 當用一片香一薰 一薰

薰發五分身 便插奉 茶云 <u>一椀茶出一片心 一片心在一椀茶 當用一椀茶一嘗</u>

<u>一嘗應生無量樂</u> 便獻

(마음은 비고 통하는 것입니다. 대선사 진산 대사형은 들음이 없는 들음으로, 저의 설함이 없는 설을 들어보소서. 제가 어제 밤에는 근근이 산 아랫길로 들어서 불단을 향하지 않고 그 아래에 서서 경애하고 자세히 응시하면서 재빨리 향 피우고 차올리며, 자질구레한 일을 헤아려 잘 생각했었는데, 오늘에 와서는 다시금 향 사르고 차올리지 않았으며, 자질구레한 일을 상량하기 않았습니다. 그러나 비록 이와 같으나 일에는 한결같음이 없고, 이치에는 치우치게 취할 것도 없고, 또한 놓아 버릴 것도 없습니다.

거듭 새롭게 예를 올리는 것도 또한 무방하다고 여겨 다시 헤아려 생각합니다. 제가 향을 집어 들고 사룁니다. 한 조각 향은 오분향에서 나오고, 오분향에는 일편향을 다 갖추고 있습니다. 응당 한 조각 향으로써 한 줄기 향기를 내나니, 한 줄기 한 줄기의 향기는 오분신에서 발하는 것입니다. 제가 향을 꽂고 차를 받들어 올리며 사룁니다. <u>이 한 사발의 차는 한 조각 마음에서 우러나온 것이며, 한 조각의 마음이 한 사발의 차 속에 담겨 있는 것입니다. 마땅히 한 사발의 차를 한번 맛 보십시오. 이 차를 한번 맛보시면 응당 한량없는 즐거움이 생길 것입니다.</u> 이 차를 올립니다.)

성파스님은 여기서 나온 마지막 밑줄 친 부분을 득통스님이 진산대사에게 바치는 권다가를 우리에게 소개하신 것이다.

이 시는 마음과 차가 분리되지 않고 하나이니 한번 맛보면 무한한 즐거움이 생겨난다는 뜻이다. 즐거운 마음으로 차를 마시고, 마시고 나서도

즐거워야 한다는 의미이다. 그러기 위해서는 차를 내는 데도 즐거운 마음이 바탕에 깔려있어야 한다는 것을 강조하시기 위해 우리들에게 험허득통 스님의 권다가를 골라 소개하신 것이었다. 이같이 서운암 토굴생활의 첫날에 스님은 함허득통의 권다가로 나를 맞이하셨다.

　　나는 말을 바꾸어 스님께 아무래도 나의 연구실에 이름이 있어야겠다며 어떤 이름이 좋은지를 여쭈었다. 주위에서 「차문화연구소」「동아시아 차문화연구원」 등 다양한 이름들이 거론되었다. 그러자 스님은 "그러한 것들은 너무 작다. 더 큰 이름이 되어야한다."고 하셨다. "그럼 내가 노교수의 연구실 이름을 지어드리지요." 하시고는 잠시 생각에 잠기시더니 「다락茶樂」이 좋겠다고 하셨다. 그것 또한 함허득통의 「한번 맛보면 한없는 즐거움이 생겨난다 一嘗應生無量樂」는 말을 연상케 하는 이름이다. 이렇게 나의 연구실이자 차실인 「다락방」이 서운암 토굴에서 태어나게 된 것이다.

통도사는 우리나라의
「다지종가茶之宗家」

오늘도 스님이 다락방에 들어오시어 다담이 이어졌다. 스님은 대체로
차를 가리지 않으신다. 차 한잔을 드셨을 때 짓궂게 내가 먼저 질문을 던졌다.
"스님 통도사에는 어떤 차문화가 있는지요? 더구나 삼보사찰이기에 어떤
형태로든지 차와는 깊은 관계가 있었을 것 같은데요."라고 하자 스님은
기다렸다는 듯이 평소에 가지고 계시는 견해를 피력하셨다.

먼저 차의 전래부터 말씀하셨다. 일반적으로 우리 차의 역사는 828년
신라 흥덕왕 때 대렴이 당나라 사신으로 갔다가 돌아올 때 차종자를 가지고
와서 지리산에 심었던 것에서 시작하는 것으로 알려져 있다. 그러나 스님은
그 이전부터 한반도에 차가 있었다고 보고 계신다. 거슬러 올라가면 가야시
대까지 다다르겠지만, 그것에 대해서는 앞으로 학술적으로 증명할 부분이겠
지만 한 가지 분명한 것은 사찰의 족보라 할 수 있는 『통도사지通度寺誌』에

차와 관련된 기사가 나온다고 하셨다. 그리고 잠시 "기다려라."라고 하시면서 밖으로 나가시더니 잠시 후 두터운 책 한권을 가지고 다시 들어오셨다. 그 책이 바로 『통도사지』이었다. 그것에 수록된 『통도사적약록通度寺事蹟略錄』에 의하면 차와 관련된 내용이 나오는데, 이를 대략 소개하면 다음과 같다.

절의 사방 장생표의 터에는 삼천 대덕방大德房으로 나누어져 있고 동의 남쪽에는 포천산동布川山洞에 1천의 대덕大德이 사는 방이 있다. 북쪽 동을산冬乙山에는 다촌이 있어 차를 만들어 절에 바치던 곳이다. 절에 바치던 차부뚜막과 차샘茶泉이 지금도 남아 없어지지 않으니 후세 사람들이 다소촌茶所村이라고 하였다. 또한 자장의 화향 제자인 조일祖日이 화향火香하고 한가한 날에는 동봉에 가서 산천을 관람하고, 띠집을 짓고 살며, 장생표를 설치하고 생애를 마감했다. 그 뒤 명하기를 조일암祖日庵이라 했다. 사방 장생표 안에는 직간直干의 위전답位田畓이 동남동東南洞 내의 북다촌北茶村 평교坪郊로 나뉘어져 있는데, 바로 그곳은 거화군의 경계이다. 또 동서의 원院에는 삼천대덕三千大德들이 항상 나누어 살았다.
四方長生基地分有三千大德房 洞南有布川山洞 乃一千大德之所住房也 北東乙山茶村 乃造茶貢寺之所也 貢寺茶烟茶泉至今猶存不泯 後人以爲茶所村也 又藏師之火香弟子祖日火香 暇日直往東峰觀監山川 結茅栖止兼置長生標 而終焉 厥後仍名曰祖日庵云云 四方長生標直干之位田畓 伏於東南洞内北茶村坪郊乃居火郡之境也 又東西院三千大德 常分部於東西.*

---

* 　『通度寺舍利袈裟事蹟略錄』통도사 소장,「韓國傳統茶文化資料展」한국방송공사, 정영선, 앞의 책, 2003, 73~74쪽에서 재인용.

통도사는 우리나라의 「다지종가茶之宗家」

위의 내용 중 통도사에 차를 만들어 바치는 다촌(다소촌)이 동을산에 있었고, 차부뚜막과 다천이 후세에 까지 남아서 없어지지 않았다고 하는 부분은 통도사 차문화의 태도를 이해하는 데 매우 중요한 자료라고 강조하셨다. 사적기에 차에 관한 기록이 있는 것은 통도사가 유일하다고 하셨다.

그런데 문제는 그 다소촌이 어디에 있었느냐는 것이다. 일찍이 여기에 대해 관심을 둔 문화평론가 문일평文一平(1888~1939)*은 그의 글 『차고사茶故事』에서 「북다촌인 평교坪郊는 거화군의 경계」라는 내용에 근거하여 거화군은 언양의 옛 이름이기 때문에 다촌의 위치를 언양으로 보았다. 차문화 연구가인 박동춘도 그렇게 보았다.** 그리고 어떤 이는 그곳을 지금의 하북면

---

* 일제강점기의 학자. 언론인. 독립운동가. 본관은 남평(南平). 호는 호암(湖巖). 일평은 자(字)이다. 평안북도 의주 출신. 부친은 문천두(文天斗). 1905년 유학을 떠나 일본의 메이지학원(明治學院)에서 이광수(李光洙)와 함께 공부하다. 1908년 귀국하여 평양의 대성(大成), 의주의 양실(養實), 서울의 경신학교(儆新學校)에서 교편을 잡는 한편, 광문회(光文會)에 관여하였다. 1911년 와세다대학(早稻田大學)에 입학하였으며, 이때 안재홍(安在鴻)·김성수(金性洙)·장덕수(張德秀)·윤홍섭(尹弘燮) 등과 교유하였다. 그러나 1912년에 중국으로 건너가 주로 상해(上海)의 프랑스 조계(租界)에서 생활하였으며, 중국신문사 대공화보(大共和報)에 근무하면서 논설을 쓰기도 하였다. 이때 홍명희(洪命熹)·조소앙(趙素昂)·정인보(鄭寅普)와 함께 생활하면서 교학하였다. 그리고 박은식(朴殷植)·신규식(申圭植)·신채호(申采浩)와 박달학원(博達學院)을 세워 후진 교육에 힘썼고, 민중·언론·혁명·불교에 대한 인식을 새롭게 하였다. 중국에서 귀국한 뒤 중동(中東)·중앙(中央)·배재(培材)·송도(松都) 등의 학교에서 교육 활동을 하였다. 『조선일보』·『중외일보(中外日報)』·『개벽』 등에 글을 쓰면서 역사에 대한 관심을 고조시켰다. 1925년 역사 연구를 위하여 일본 유학을 떠났으나 1년도 되지 않아 귀국하였다. 1933년 『조선일보』의 편집고문이 되면서부터 언론을 통한 역사의 대중화에 힘을 기울였다. 우리의 역사 속에서 민족문화 또는 민족정신을 찾아 널리 보급하려 했던 노력하였다. 역사 연구는 주로 1930년대에 이루어졌다. 일제의 우리나라에 대한 정신적·내면적 침략이 갈수록 심화되어 국학 연구가 밑바탕에서부터 흔들리던 시기에 역사 연구를 통해 언외(言外)의 의미를 강조하였다. 역사적 사실의 근원적 연구보다는 역사성의 부여에 관심을 두었다. 역사적 지식의 정리와 의미의 보급에 더 힘을 쏟았다.

** 박동춘, 「[차(茶)와 사람] 고려 땐 왕이 몸소 차 준비 … 최승로, 시무 28조서 폐단 지적」,

통도사는 우리나라의 「다지종가茶之宗家」

소재의 못안 마을이라고 추정하기도 하고, 또 어떤 이는 양산시와 울주군 언양읍 사이에 있는 곳이라고 추정하기도 한다.* 그러나 어느 누구도 구체적인 장소를 제시하지 못하고 있다.

스님도 항상 그곳이 어디인지를 알고 싶어 하셨지만, 그 근거를 찾을 수 없어 안타깝게 생각하고 있었다. 그러던 차에 2020년 어느 날 우연히 서울대 규장각에서 보관된 또 하나의 『통도사지』를 보시게 되었는데, 그것에 「동을산은 석적장생표가 있는 곳에 있다東乙山置石磧長生標」는 내용이 있었다. 그것은 스님이 그토록 알고 싶었던 동을산의 위치를 알려주는 중요한 단서가 되었다. 왜냐하면 그 장생표는 현재 「통도사국장생석표通度寺國長生石標」라는 이름으로 울주군 언양읍 상천리에 현재에도 남아있기 때문이다. 스님의 말씀에 의하면 지금도 그곳에는 300여 평의 통도사 소유의 땅이 있다고 한다. 이곳이 틀림없다고 확신하셨다. 따라서 통도사의 차밭이 있는 다소촌은 장생표가 있는 곳이 분명하다.

또 하나 중요한 사실은 그곳에 자장율사의 화향제자이신 조일스님이 그곳에 띠집을 짓고 살면서 장생표도 세웠다는 것이다. 지금도 그 지역에는 조일스님의 이름을 딴 지명 조일리가 있다.

스님은 젊었을 때 노스님들으로부터 조일스님에 관한 이야기를 많이 들으셨다. 그 이야기에 따르면 하나같이 조일스님은 자장율사의 수제자이었으며, 자장스님이 말년에 통도사를 떠나 강원도 태백산 정암사淨巖寺로 가신 후에 통도사를 맡아서 관리하신 분이었다는 것이다. 이것이 사실이라면

『중앙일보』, 2014.03.09.
* 심상도, 「양산과 차나무의 인연」, 『경남일보』, 2019.04.10.

조일스님은 다소촌에 조일암을 짓고 살면서 통도사의 차밭과 제다를 관리 감독하였을 것으로 보인다고 하셨다.

스님은 조일스님이 자장율사의 화향제자라는 점도 놓치지 않았다. 화향이란 법맥의 계승자라는 것을 나타낸다. 이는 각 가정에 불씨를 통해 그 집의 전통과 의례가 이어져가는 것과 같다. 이를 왕조에 비유하면 국왕의 상징물인 옥쇄와 마찬가지이다. 그러므로 조일스님을 자장의 화향제자라 함은 그가 자장율사의 법맥을 잇는 정통의 제자라는 뜻이다. 다시 말해 자장율사로부터 법등을 상속받은 제자라는 의미라고 설명하셨다.

그러한 인물이 통도사의 차밭을 관리하고 제다를 책임지고 있었다는 것은 그만큼 당시 차가 불교의례에 있어서 중요한 위치를 차지하고 있었음을 알려주는 것이기도 하지만, 그가 자장스님의 제자라는 것은 통도사 창건 당시 차밭이 조성되어 있었다는 사실을 알려주는 중요한 자료라고 하셨다.

통도사는 646년 자장율사에 의해 창건되었다는 점을 감안한다면 통도사의 차밭도 적어도 그 당시 조성되었을 것으로 보인다. 그렇다면 통도사의 차문화는 대렴이 당나라에서 가지고 온 차종자를 지리산에 심었다는 828년 보다 훨씬 이전부터 있었던 셈이 된다. 다시 말해 통도사의 기록이 비록 조선시대에 간행된 것이라 해도 「사적기」란 사찰이 창건될 때 작성되는 것이라고 보았을 때 그 내용은 사실에 가깝다고 볼 수 있다. 이러한 점을 감안하면 차의 재배와 제다를 기록한 『통도사지』는 우리의 차 문화사를 새롭게 쓰게 하는 중요한 자료가 아닐 수 없다.

현재에도 통도사 사리탑 주변에는 야생차가 군락을 이루고 있다. 아마도 이것은 통도사의 창건 당시 조성된 것으로 보인다. 왜냐하면 당시 사찰에서는 차가 필수였기 때문이다. 규모는 다소 다르지만 절마다 차나무가 다

있었다. 지금도 폐사지에 차나무가 있는 경우를 종종 볼 수 있다.

그러나 차문화가 쇠락해지면서 차에 대한 관심도 낮아지고, 관리도 제대로 될 수 없었다. 스님이 출가하였을 당시만 하더라도 통도사 사리탑 주변의 야생 차밭이 관리가 제대로 되지 않았고, 당시 주민들이 그곳에서 소를 방목하기도 했다. 인근의 지산 사람들은 극락암 쪽으로, 평산 사람들은 남산골에 와서 소를 방목하였고, 사리탑 뒤에는 솔밭이 있어 깔비가 많았다. 당시는 아궁이에 불을 때는 시절이었기 때문에 마을 주민들은 소를 방목하는 한편 돌아갈 때는 솔밭 사이에 떨어져 있는 깔비를 땔감을 하기 위해 걷어갔다. 그 사이에는 야생 차나무가 많이 자라고 있었지만, 그 가치를 몰랐고, 오히려 그것들이 깔비를 걷을 때 방해가 되자, 베어 버리는 일도 흔히 있었다. 그리하여 사리탑 주변 차밭은 쇠퇴해질 때로 쇠퇴해졌고, 관리도 제대로 하지 못해, 다수의 고차수가 사라졌다고 하셨다.

그 이후 주민들의 생활도 변화가 일어나 지금은 땔감을 연료로 때는 사람도 사라졌다. 그러자 솔밭에 야생 차나무가 대나무와 함께 마구 자라났다. 그러나 사찰 측에서도 그것을 관리하는 데 손을 쓰지 못하고 현재에 이르고 있다고 상세히 설명을 해주셨다.

그러한 사실을 비추어 볼 때 통도사의 차문화는 646년 자장율사에 의해 창건과 함께 시작되었으며, 대렴의 차 전래보다 무릇 180여 년이나 앞선 것이 된다. 이 점만으로도 통도사는 한국 차문화의 핵심에 자리 잡고 있다고 할 수 있으며, 또 이를 뒷받침하는 『통도사지』는 우리 차 역사에서 제다의 역사를 앞당길 수 있는 중요한 자료적 가치를 지닌 것이라 하지 않을 수 없다.

스님의 차 이야기는 계속 이어졌다. 통도사의 차밭이 있었다는 것이

『통도사지』를 통해 밝혀졌고, 그 위치가 현재 울주군 상천리 통도사장생표지석이 있는 곳이라면 또 하나의 중요한 문제가 풀린다고 하셨다. 즉, 울산의 다운동은 태화사의 차밭이며, 울주군의 다개와 차리는 황룡사의 차밭이라는 것이다.

그 이유는 중국에서 귀국한 자장율사가 황룡사를 중창하였고, 태화사와 통도사를 창건하였다는 데서 찾을 수 있다. 황룡사는 황실, 귀족들의 신앙과 교육기관이었고, 태화사는 군사를 담당하는 국방사찰이었으며, 통도사는 백성들의 사상교육을 실시하는 사찰이었다. 이러한 목적 하에 자장율사가 이상의 3개의 사찰을 중창 또는 창건하였다면 당연히 이러한 사찰들도 차밭을 가지고 있었을 것이다. 그 중의 한곳인 동을산의 차밭이 통도사의 것이라면, 지리적으로 볼 때 울산 다운동의 차밭은 태화사의 것이며 언양의 다개와 차리의 차밭은 황룡사의 차밭이라는 것이 스님의 지론이다. 그렇게 본다면 기록상 우리나라에서 가장 오래된 차밭 중 하나가 통도사 차밭이었던 것이다. 이러한 면에서 통도사는 우리나라의 「불가지종가佛家之宗家」일 뿐만 아니라 「다지종가茶之宗家」이기도 하다. 앞으로 통도사가 다지종가로서 위상을 높이기 위해 차문화의 연구가 활발히 이루어지길 바랄 뿐이다.

통도사는 우리나라의 「다지종가茶之宗家」

다락방의
족자

•

1.

일요일 아침 토굴은 그야말로 조용하다. 내가 도착하자마자 스님께서 다락방을 찾으셨다. 그리고는 족자 하나를 내어주셨다. 그것은 다름 아닌 간밤에 스님이 직접 쓰신 글씨이었다. 그 내용은 다음과 같았다.

조고상음희調高賞音希
격조가 높으면 그 소리를 감상하는 사람이 적다.

차가 일상다반사라 하지만 격이 높은 다인들은 일반인들이 이해하지 못하는 세계관을 가지고 있을 터이고, 그것을 말로 다 표현할 수도 없다.

그러므로 그것을 이해하는 사람은 많지 않을 것이지만, 이해하는 사람이 아주 없지 않다. 그러므로 이해하는 극소수의 사람과는 지음지교知音之交의 관계가 될 것이라고 말씀하셨다. 그러시면서 족자에 쓰여진 글에 대한 이해를 위해 『열자列子』의 「탕문편湯問篇」에 나오는 백아와 종자기의 이야기를 다음과 같이 해주셨다. 그 내용을 소개하면 다음과 같다.

2. 지음지교

옛날 중국 춘추시대 때 백아伯牙와 종자기種子期라는 인물이 있었다. 백아는 거문고를 잘타는 명수名手이었다. 그의 거문고 소리를 유일하게 알아주는 친구가 종자기였다. 백아가 마음속으로 거문고를 타서 높은 산의 모습을 표현하려고 하면 "아 정말 좋구나. 굉장히 높이 치솟은 느낌인데. 마치 태산 같구나." 하고 칭찬하였으며, 또 백아가 마음속으로 물의 흐르는 기상을 거문고 소리로 표현하려 하면 "아, 정말 좋다. 양양한 강물이 흐르는 느낌인데. 마치 장강이나 황하와 같구나." 하면서 기뻐해 주었다. 이런 식으로 백아가 마음속으로 어떤 사물을 생각하고 거문고 소리에 의탁하는 기분을 종자기는 정확하게 알아맞히는 것이 틀리는 법이 없었다.

어느 날 두 사람이 함께 태산 깊숙이 들어갔는데, 도중에 갑자기 큰 비를 만나 두 사람은 어느 바위 밑에서 은신하여 겨우 비를 피했다. 그러나 비는 시간이 흘러도 그칠 줄을 모르고, 빗물에 씻겨 내려오는 토사土砂 소리만 요란하였다. 두 사람은 겁에 질려 덜덜 떨면서도 백아는 언제나 자기 몸에서 떼어놓은 적이 없는 거문고를 집어 들고 서서히 타기 시작하였다.

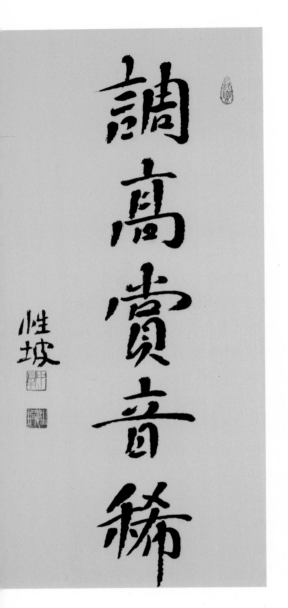

調高賞音稀

性坡

처음에는 장마 비를 표현한 임우지곡霖雨之曲을 연주하다가 이번에는 산이 무너지는 붕산지곡崩山之曲을 연주했다. 백아가 한 곡을 끝낼 때마다 종자기는 정확하게 그 곡의 취지趣旨를 알아맞히고 칭찬해 주었다.

그것은 전에도 늘 있었던 일이었지만 백아는 이런 험한 사태 속에서도 하나도 틀리지 않고 자기의 음악을 듣고 알아주는 종자기에게 크게 감격한 나머지 거문고를 내려놓고 말했다. "아. 자네의 듣는 귀는 정말 정확하네. 자네의 그 마음의 깊이는 내 마음 그대로가 아닌가. 자네 앞에서는 나는 거문고 소리를 속일 수가 없네."

백아와 종자기 두 사람은 그만큼 마음이 맞는 친구였다. 하지만 그로부터 얼마 되지 않아 불행하게도 종자기가 병을 얻어 죽고 말았다. 그러자 백아는 그토록 거문고에 혼을 기울여 사람들에게 명인으로 불렸음에도 불구하고 그렇게 애용하던 거문고 줄을 끊고, 거문고를 부숴버리고, 죽을 때까지 다시는 거문고를 손에 들지 않았다.

이러한 고사에서 생겨난 말이 바로 「지음지교」이다. 이같은 친구를 '서로 마음 속 깊은 곳까지 이해하는 진정한 벗'이라 할 수 있을 것이다. 스님은 이 이야기를 한마디로 「조고상음희調高賞音希」라는 말로 표현하신 것이다.

3.

차의 세계에서도 그와 유사한 이야기가 있다. 당나라 대종代宗(729~779) 때 지적智積이라는 스님이 계셨다. 그는 버려진 육우陸羽(733~803)를 주워 기른 자로서도 유명하지만, 평생 차 마시기를 매우 좋아했을 뿐 아니라 차에 대한 요구도 무척이나 까다로웠다고 한다. 그래서 그는 육우가 달인 차가 아니면 마시지 않았다. 그는 육우가 떠나 먼 곳에 지내던 4, 5년간은 차를 전혀 마시지 않았다. 이 말을 들은 대종은 지적스님을 궁으로 초청하여 차를 능숙하게 다루는 궁녀에게 차를 달여 마시게 하였더니, 지적은 단 한잔만 마시고 사양했다.

황제는 그 말을 듣고 지적은 차를 통달한 척해서 그럴 것이라고 생각하고, 마침 수도로 돌아와 있던 육우를 궁중으로 몰래 불러 차를 달이게 하여 마시도록 하였더니, 지적은 단숨에 그 차를 다 마셔버렸다. 황제가 그 까닭을 묻자, 지적은 "이 차는 육우가 직접 달인 차입니다." 이에 대종은 크게 감탄하며 숨어있던 육우를 불러 지적선사와 서로 만나게 해 주었다고 한다.

지적선사가 육우의 차를 알 듯, 백아의 거문고 연주는 종자기가 알았다. 육우와 백아의 격조도 높지만, 그것을 아는 지적과 종자기의 격조 또한 높다. 그러한 사람은 분명히 많지 않다. 이러한 관계를 잘 표현한 것이 「조고상음희調高賞音希」라는 생각이 들었다.

나는 이 말을 두고 곰곰이 생각을 해보았다. 격조가 높으면 알아주는 사람이 적어 외로울지 모르겠으나, 소수이지만 알아주는 사람이 있다는 것 자체로만으로도 행복할 수 있겠다는 생각이 들었다.

그러나 격조도 제대로 갖추지 못한 내가 이 글을 스님으로부터 받아들고 어찌할 바를 몰라 하자, 스님은 옛 말에 이러한 말이 있다 하시면서 노트에 다음과 같은 글을 적어셨다.

(1) 屋後松煎趙州茶　　　집 뒤에서 조주의 차 달이고
(2) 渴則煎茶困則眠　　　목마르면 차 달이고 피곤하면 잔다.

이에 대해서는 특별히 설명도 없이, 스님은 이 글처럼 앞으로 토굴에서 연구생활은 자연스럽게 하라고 일러주시고는 다락방 문밖으로 나가셨다.

이 말을 두고 곰곰이 생각해보니 스님이 차를 달이고 마시는 것이 어려운 것이 아니다. "잠이 오면 잠을 자고, 배가 고프면 밥을 먹는 것과 같이 자연스러운 것이 곧 불법佛法이다."고 하시는 말씀처럼 느껴졌다. 다르게 말하면 그것은 '평상심이 곧 도이다平常心是道'라는 말로도 받아들여진다. 즉, 도라는 것이 특별한 것이 아니라, 보통사람들이 일상생활을 하는 마음속에 있으며, 마음에 번뇌가 없이 일상생활의 하나하나에 몰두할 수 있는 마음이 바로 도라는 뜻이다. 이같이 스님은 처음부터 가볍지도 무겁지도 않은 평범하면서도 결코 평범하지 않는 말씀으로 나를 맞이하셨다.

4.

　이상의 두 문구는 하나의 시에서 나온 것이 아니다. (1)은 예부터 선사들이 자주 사용하던 선어禪語에서 나온 말이다. 일본의 찻자리茶席에서 자주 등장하여 일본인들에게는 널리 알려져 있는 말이다. 일본의 시인 나카지마 슈쿄中島秋挙(1773~1826)*가 1812년에 편찬한 『유연방구집惟然坊句集』에 수록된 일본 승려 히로세 이젠廣瀬惟然(1648~1711)**의 「상국사에서相國寺にて」라는

---

* 　일본 에도시대(江戸時代) 후기의 시인. 이름은 惟一. 字는 子徳. 号는 曙庵. 현재 아이치현(愛知県)刈谷市) 출신. 부친은 가리야번(刈谷藩)의 무사 나카지마 사모리(中島佐守). 1802년 30세의 나이로 관직에서 물러나 동생 나카지마 지에몬(中島治右衛門)에게 가독(家督)을 물려주고, 은거생활에 들어갔다. 그때 그는 삭발하고 일본의 전통시 하이카이(俳諧)의 세계에 발을 들였고, 나고야(名古屋)의 이노우에 시로(井上士朗, 1742~1812) 문하에 들어가 본격적 수업을 하였다. 그러는 동안 그는 아내를 맞이하지 않았으며, 전국 각지를 여행하는 일이 많았다. 1811년 3월에 히로세 이젠(広瀬惟然)의 시집 『惟然坊句集』을 발간하였다. 1812년 4월부터 5월에 걸쳐 스승 이노우에 시로를 간병하며, 『病床日記』와 『朱樹翁終焉記』를 썼다. 1826년 7월 25일 악성종양이 원인이 되어 사망했다. 향년 54세이며, 묘지는 기라야시(刈谷市)의 십념사 (十念寺)에 있다.

** 　에도시대의 시인. 현재 기후현(岐阜県) 세키시(関市) 출신. 通称は源之丞。別号は、素牛、鳥落人、風羅堂、湖南人、梅花仏 등 다양함. 14세 때 나고야의 상인 藤本屋에 양자로 들어가나, 1686년 39세 때 처자를 버리고 세키로 돌아와 출가했다. 1688년 6월 마쓰오 바쇼(松尾芭蕉)가 『笈の小文』의 여행을 마치고 기후(岐阜)에 체류하고 있었을 때 바쇼를 직접 만나고, 그의 제자가 되었다. 그 이듬해 『奥の細道』의 여행을 마친 바쇼를 오가키(大垣)를 찾아갔고, 그 후 관서(関西)에 체재한 바쇼를 가까이서 모셨다. 1694년 素牛라는 호로 『藤の実』를 간행했다. 스승 바쇼의 사후에는 「奥の細道」를 역순서로 여행을 하기도 했다. 만년에는 고향으로 돌아와 변경암(弁慶

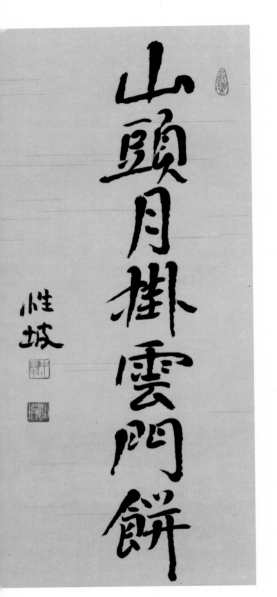

글에 「산두월괘운문병山頭月掛雲門餠
옥후송전초주다屋後松煎超州茶」라는
내용이 보인다. 여기서 초주超州는 조
주趙州의 잘못된 표기임에 틀림없다.
이처럼 이 말은 선승들 사이에서는
오래 전부터 전해오던 선어이다.

우리나라에서는 그보다 빠른 서
산대사西山大師(1520~1604)*로 알려진

* 조선중기에 활동한 불교 승려. 휴정은 1520
   년(중종 15) 3월 26일에 평안도 안주군에서
   태어났다. 속가의 성은 완산(完山) 최씨(崔
   氏)이고 속가의 이름은 여신(汝信), 자는
   현응(玄應)이다. 부친 세창(世昌)은 천거를
   받아 기자전참봉(箕子殿參奉)이 되었으나
   사양하고 향리로 지내며 시(詩)와 술을 즐겼
   다. 어머니는 김씨(金氏)인데 늙도록 자식
   이 없었다. 그러던 어느 날 어머니가 꿈에서
   한 노파에게 대장부의 잉태를 축하한다는
   말을 듣고 깼는데, 그 다음해에 휴정을 낳았
   다. 명종대 승과에 합격하여 선교양종판사
   에 제수되었고 임진왜란(壬辰倭亂) 때 승병
   을 일으켜 승병장으로 크게 활약하였다.
   법명은 휴정(休靜), 호는 청허(淸虛)이고
   묘향산에 오래 살았기 때문에 서산대사(西
   山大師)라고 하였다. 금강산 백화암에 있었
   기 때문에 백화도인(白華道人)이라고도 하
   고, 선교양종판사(禪敎兩宗判事)직을 사임
   한 뒤에는 퇴은(退隱) 등으로도 불렸다. 그
   의 제자로는 사명대사가 유명하다.

청허선사清虛禪師가 다음과 같은 시를 지었다.

　　山頭月掛雲門餠　　산 머리에 걸린 달은 운문의 떡이요

　　屋後松煎趙州茶　　집 뒤에 소나무는 조주의 차를 달인다

　　介中何者眞三昧　　그 중에 어떤 것이 불법인가 묻는다면

　　九月菊花九月開　　구월의 국화 꽃이 구월에만 핀다하리

또 통도사의 경봉鏡峰(1892~1982)스님*도 「옥후송전조주차屋後松煎趙州

---

* 일제강점기 통도사 불교전문강원 원장, 통도사 주지 등을 역임한 승려. 본관은 광주(廣州). 속명은 김용국(金鏞國). 법호는 경봉(鏡峰), 시호(詩號)는 원광(圓光). 법명은 정석(靖錫). 경상남도 밀양 출신. 아버지는 영규(榮奎)이며, 어머니는 안동 권씨이다. 여러 선원의 조실을 역임하면서 선(禪)과 교(敎)를 포괄하는 자신만의 독특한 사상으로 선승들을 지도하였다. 7세 때 밀양의 한학자 강달수(姜達壽)에게 사서삼경을 배웠으며, 15세에 어머니를 여의고 난 뒤 1907년 출가하여 양산통도사 성해(聖海)의 제자가 되었다. 1908년 3월 통도사에서 설립한 명신학교(明新學校)에 입학하였으며, 그 해 9월 통도사(通度寺) 금강계단(金剛戒壇)에서 청호(淸湖)를 계사(戒師)로 사미계(沙彌戒)를 받았다. 1912년 해담(海曇)으로부터 비구계와 보살계를 받은 뒤, 통도사 불교전문강원에 입학하여 불경 연구에 몰두하였다. 그 뒤, 참선공부로 선회하여 내원사(內院寺), 해인사 퇴설당(堆雪堂), 금강산 마하연(摩訶衍), 석왕사(釋王寺) 등을 찾아다니면서 공부하던 중, 김천 직지사에서 만난 만봉(萬峰)과의 선담(禪談)에 감화 받아, 통도사 극락암에서 3개월 동안 장좌불와(長坐不臥)를 하였다. 이와 함께 화엄산림법회(華嚴山林法會)에서 정진하던 중, 4일 만에 오롯한 일원상(一圓相)이 나타나는 경지에 이르렀다. 그러나 번뇌가 완전히 없어지지 않았음을 스스로 점검하고 다시 화두(話頭)를 들어 정진하다가, 1927년 11월 20일 새벽에 방 안의 촛불이 출렁이는 것을 보고 크게 깨달았다. 그 뒤, 당시의 선지식이었던 방한암(方漢巖)·김제산(金霽山)·백용성(白龍城) 등과 교유하며 정진하였다. 전국의 선승들을 지도하였다. 1953년 통도사 극락호국선원(極樂護國禪院)의 조실(祖室)로 추대되어 입적하던 날까지 불자들을 지도하였고, 동화사(桐華寺)·내원사(內院寺) 등 여러 선원의 조실도 겸임하였다. 한시와 시조·필묵에 조예가 깊었고, 자기개안(自己開眼)에 의한 육성으로 설법했으며, 선과 교를 포괄하는 독특한 사상을 남겼다. 1982년 7월 17일에 임종게를 남기고 입적하였고, 7월 21일 통도사연화대에서 다비하였다. 저서로는 법어집인 『법해(法海)』·『속법해(續法海)』와 시조집인 『원광한화(圓光閒話)』, 유묵집인 『선문묵일점(禪門墨一點)』, 서간집인 『화중연화소

　　　　　　　　　　　　　　　　　　　　　　　　　　다락방의 족자

茶」를 「문외수류조주차門外水流趙州茶」로 바꾸어 다음과 같은 시를 지었다고
도 한다.

山頭月掛雲門餠   산 머리에 걸린 달은 운문의 떡이요
門外水流趙州茶   문밖에 물이 흐르니 조주의 차로다
介中何者眞三昧   그 중에 어떤 것이 불법인가 묻는다면
九月菊花九月開   구월철 국화 꽃이 구월에만 핀다하리

그리고 경봉스님은 「조주법차 운문호병趙州法茶 雲門胡餠」이라는 휘호도
즐겨 썼던 것으로 알려져 있다.
한편 덕수총림 수덕사의 초대 방장 원담圓潭(1933~2008)스님*도 「산두
월괘운문병山頭月掛雲門餠 옥후송전조주다屋後松煎趙州茶 우산운수산악로雨散
雲收山嶽露 풍요월백이화영風遙月白移花影」라는 글을 쓰시기도 했다. 이처럼
「산머리에 걸린 달은 운문의 떡이요, 집 뒤에 소나무는 조주의 차를 달인다」
는 구절은 한국과 일본에서도 널리 알려진 선어이다. 이를 이용하여 많은

식(火中蓮花消息)」 등이 있다.
* 전북 옥구에서 태어나 충남 서산에서 자라남. 한학을 배우다 1933년 벽초(碧超) 스님을 은사로,
 만공(滿空) 스님을 계사로 수계 득도했다. 예술, 문화, 서예에 능함. 1958년 불교정화 당시
 구례 화엄사 주지를 거쳐 1970년 수덕사 주지를 맡았으며, 1986년 덕숭총림 제3대 방장으로
 취임했다. 1994년 조계종 원로회의 부의장을 역임했고 승가사, 개심사 보현선원 조실 등을
 역임했다. 그동안 남긴 서예 등을 모아 지난해 12월 '원담대종사선묵집'이 간행됐다. 임종을
 앞두고 제자들이 마지막 말씀을 청하자 "그 일은 언구(言句)에 있지 아니해. 내 가풍은 (주먹을
 들어 보이며) 이것이로다!"라고 한 뒤 "올 때 한 물건도 없이 왔고(來無一物來)/갈 때 한 물건도
 없이 가는 것이로다(去無一物去)./가고 오는 것이 본래 일이 없어(去來本無事)/청산과 풀은
 스스로 푸름이로다(靑山草自靑)."라는 임종게를 남겼다.

선승들은 자신의 감정을 표현하고 있는 것이다.

여기에서 흥미로운 표현은 산꼭대기에 걸린 달을 운문병雲門餠으로 비유하고 있다는 점이다. 이것의 유래는 『벽암록碧巖錄』(77則)에 있다. "어떤 학인이 운문문언雲門文偃(864~949) 선사*에게 물었다. '부처와 조사를 초월한 말이란 어떤 것입니까'라고 하자 선사는 '호떡!'이라고 답하였다."** 이것에서 유래된 운문선사의 떡은 선승들의 화두가 되었다.

그에 비해 (2)는 고려 말 선승 나옹화상 혜근懶翁和尙 慧勤(1320~1376)***의 「보선자가 게송을 청하기에普禪者求偈」라는 시에서 나오는 구절이다.

本自天然非造作	본래 저절로 그런 것이지 만든 것이 아니니
何勞向外別求玄	어찌 수고로 이 밖을 향해서 이치를 구하랴
但能一念心無事	다만 한 생각으로 마음 속 번뇌를 없애고
渴則煎茶困則眠	목마르면 차를 달이고 피곤하면 잠 자리다.

---

* 중국 절강성 가흥(嘉興) 출신 속성은 장씨(張氏)이며, 법명이 문언. 17세 때 공왕사(空王寺)의 지징(志澄) 율사에게 출가한 뒤 수년간 「사분율(四分律)」을 배우다. 그 후 목주도종(睦州道踪)을 만나 선(禪)에 입문했다. 운문은 도종스님의 권유로 덕산선감의 제자인 설봉의존(雪峰義存)을 찾아가 그의 제자가 되었고, 그 후에 운문종의 창시자가 되었다.

** 『碧巖錄』77則 「本則」 大48 p.204b11. '부처와 조사를 초월한 말이란 어떤 것입니까'〈입이〉 열렸구나. 가뭄에 천둥 치는 듯 한 소식이다. 쥐어틀어라!〉 운문은 '호떡!'이라고 답하였다.〈혀를 입천장에 붙여라!〉(僧問雲門, '如何是超佛越祖之談'〈開. 早地忽雷. 拶!〉門云, '餬餅!'〈舌拄上齶! 過也.〉

*** 고려후기 원나라 연경의 광제선사 주지, 회암사 주지 등을 역임한 승려. 속명은 아원혜(牙元惠), 호는 나옹(懶翁) 또는 강월헌(江月軒). 법명은 혜근(惠勤), 또는 혜근(彗勤). 부친은 선관서영(善官署令) 서구(瑞具)이다. 중국의 지공(指空)·평산처림(平山處林)에게 인가를 받고 무학(無學)에게 법을 전하여, 조선시대 불교의 초석을 세웠다.

다락방의 족자

이 시의 마지막 구에서 자연스럽게 행하라는 말인 「목마르면 차를 달이고 피곤하면 잠잔다渴則煎茶困則眠」라는 말이 들어있다. 스님께서 쓰신 글은 아마도 여기서 나온 말인 듯하다.

시로 남겨진 나옹선사의 생활은 그다지 넉넉지 않았던 것 같다. 그러나 그는 그 생활을 즐겼던 것 같다. 다음과 같은 그의 「백납가百衲歌」라는 시에도 위의 내용과 유사한 것이 있다.

冬夏長被任自便	춘하추동 긴 날에 입고 먹는 것을 생각하나
隨時受用也宜然	때가 되면 재 지내고 남은 음식 절로 먹게 된다.
衲衣殘下何奇特	해어진 가사 장삼 한 벌이면 족하고
饑食渴茶困則眠	밥 먹고 갈증 나면 차 마시고 곤하면 잠잔다.

이처럼 나옹스님은 해진 가사 장삼 한 벌이면 족하고 밥 먹고 갈증이 나면 차 마시고 피곤하면 잠잔다고 했다. 주어진 자신의 환경을 지극히 자연스러운 일들로 받아들였고, 그에 따른 그의 행동도 물 흐르듯이 한 것으로 보인다. 이것이 어쩌면 청빈낙도일지 모른다.

스님은 모든 것이 낯설고 물설어 하는 나에게 나옹선사의 말을 빌려 「목마르면 차를 달이고 피곤하면 잠잔다」는 말처럼 편안하게 지내라 하시지만, 그 앞 문장이 심상찮다. 왜냐하면 「옥후송전조주차屋後松煎趙州茶」에서 보듯이 집 뒤에서 끓이는 차가 「조주의 차」이기 때문이다. 이처럼 각각 다른 싯구에서 따온 말로써 나에게 당부와 격려의 차원에서 하신 말씀이지만, 그 말에 무거운 무게를 느끼지 않을 수 없었다.

虛空駕鐵船 曉峰

더구나 나 자신이 격조가 높다는 생각을 한번도 한 일이 없거니와 그렇게 생각하는 일이 없이 자연스럽게 행동한다는 것도 결코 쉬운 일이 아니다. 그러나 그 말을 복잡하게 생각하지 않기로 했다. 다만 무리하지 않고 평상심을 유지하면서 자연스럽게 행동해야겠다며 다짐했다. 그 날부터 스님의 글씨「조고상음희調高賞音希」는 우리 다락방에 걸렸다. 그리하여 그 말이 자연스럽게 우리 다락방의 방훈이 되었다.

통도사 차문화대학원의
교훈

1.

오늘 내가 다락방에 들어오신 스님께 조심스럽게 앞으로의 계획에 대해 상의를 드렸다. 그 주된 내용은 토굴에서 차문화대학원을 개설하여, 행다를 위주로 했던 다인들을 위해 불교에 입각하여 「차의 인문학」을 강의하는 「차문화대학원」을 설립하여 운영하자는 것이었다. 여기에 대해 스님은 주저함도 없이 단번에 "그것은 내가 바라던 바입니다. 한번 그렇게 해봅시다."라고 대답하셨다.

이 말을 들은 나는 "그럼 입학 자격은 어떻게 할까요? 혹여 종교적인 제한을 둘까요, 아니면 그것과 관계없이 개방적으로 운영하는 것이 좋겠습니까?"라고 했다. 만일 대학원을 설치한다면 그것은 통도사 경내에 두어야 하기 때문에 절의 사정을 잘 모르는 나로서도 그 부분에 대해서는 신경이 쓰이는 부분이기도 하고, 나 혼자 결정할 수 있는 것도 아니었다. 그러자 스님은 다음과 같이 시원스럽게 대답을 내어놓으셨다.

즉, 배움에는 그러한 경계는 없어야 한다. 옛 말에 「목민牧民」이라는 말이 있다. 흔히 이를 백성을 다스린다는 뜻으로 사용하는데, 그보다 백성들을 돌보고 기른다는 의미로서 해석되어야 한다. 정약용丁若鏞(1762~1836)은 『목민심서牧民心書』라는 책을 썼다. 그것은 지방의 수령이 애민정신을 가지고 백성을 대하라는 자세에 대해 다룬 책이다. 그리해야 수령이 진정한 목민관牧民官이 되는 것이다. 그러한 의미에서 교회에서 설교하고 지도하는 사람을 목사牧師라 하는 것이다. 이것과 관련하여 불가에 다음과 같은 말이 있다 하시며 노트에 적으셨다.

1) 장대교망張大敎網 녹인천어漉人天魚

위의 글귀는 「큰 가르침의 그물을 크게 펼쳐 인간과 천상의 고기를 건진다」는 뜻으로, 미망迷妄에서 헤어나지 못하는 모든 중생을 제도濟度하라는 뜻이다. 그러한 마음으로 차문화대학원을 만들고, 교육에 임하라고 가르쳐 주셨다. 여기에는 종교는 물론, 지역, 학력, 출신의 경계를 뛰어넘는 장대한 교육철학이 담겨져 있었다. 이 말을 들은 나는 이같이 명쾌한 교육이념이 어디에 있을까 하며 감탄하지 않을 수 없었다.

그런데 이 말은 어디에서 나온 것일까? 이것과 관련한 기사가 1956년 9월 20일 동아일보의 기사에 실려져 있다. 그 내용을 소개하면 다음과 같다.

통도사 차문화대학원의 교훈

지금부터 약 1400년 전 원효대사의 옥인玉印이 지난 16일 발견되었는데, 이는 곧 국보로 지정될 것이라 한다. 이 옥인은 십여 년 전 범어사 근처 10척의 땅속에서 발굴되어 그동안 범어사 하동산대사河東山大師가 비밀히 간수하고 있었던 탓에 외부에 알려지지 않았던 것이라고 하는데, 지난 16일 현지 사찰을 시찰차 방문한 문교부 김문화국장과 경남도 당국자에 의해 비로소 알려진 것이라 한다. 그런데 전기의 옥인은 방금 감정가들로 하여금 감정케 하고 있다고 하는데, 동 옥인에는 「장대교망張大敎網 녹인천지어漉人天之魚」라는 9자가 새겨져 있다고 한다.

이 기사에 의하면 옥인은 1936년 범어사 원효암에서 출토된 것으로 보이며, 동산東山(1890~1965)스님*에 의해 소중히 간직되어 있었다. 아마도 동산스님은 그 옥인을 속가 고모부인 오세창吳世昌(1864~1953)**에게 보여주

---

* 충북 단양 출생. 경성의전에서 의학을 공부했으나, 고모부 오세창의 소개로 백용성 스님을 만나 가르침을 구했다. 이 자리에서 용성스님으로부터 "육신의 병을 고치는 의사인데, 중생의 병에는 두 가지가 있으니, 배가 아프고 종기가 나고 상처가 나는 것은 육신의 병이요, 탐욕과 성냄과 어리석은 마음의 병이니, 육신의 병만 고친들 무슨 소용이 있을 것인가?"라는 법문을 듣고 홀연히 발심하여 용성스님의 은사로 출가했다. 그 후 석왕사, 해인사를 거쳐 범어사 조실로 있으면서 성철, 광덕, 능가, 무진장 등 수많은 제자들을 길러냈다. 청담, 효봉, 금오스님과 함께 불교정화운동을 펼쳤고, 1965년 법랍 53세, 세수 75세로 범어사에서 입적하였다.

** 일제강점기 『근역서휘』『근역인수』 등을 편찬한 서예가. 언론인, 독립운동가. 본관은 해주(海州). 자는 중명(仲銘), 호는 위창(葦滄·韙傖). 서울 출생. 조선 말기 중국어 역관이며 서화가·수집가였던 오경석(吳慶錫)의 장남이다. 20세에 역관이 되었다가, 1886년 박문국 주사로서 『한성순보』 기자를 겸하였다. 1894년에 군국기무처 총재비서관이 되었고, 이어 농상공부 참서관, 통신원 국장 등을 역임하였다. 1897년 일본 문부성의 초청으로 동경외국어학교에서 조선어 교사로 1년간 체류하였다. 1902년 개화당사건으로 일본에 망명하던 중에 손병희(孫秉熙)의 권유로 천도교에 입교하였다. 1906년 귀국 후 『만세보』·『대한민보』 사장을 역임하였고, 3·1운동 때에는 민족대표 33인의 한 사람으로 활약하다 3년간 옥고를 치렀다. 1918년에 근대적

었다. 이를 본 오세창은 다음과 같은 글을 남겼다.

東山慧日得古玉印於元曉遺址其文日 張大教網 漉人天之魚 常佩之以護身余
又書此贈之俾卦禪楊之側 戊寅春俗叔七十五姿 吳葦滄
동산혜일이 원효암의 유지에서 오래된 옥도장을 얻었는데, 그 글의 내용이 「장대
교망張大教網 녹인천지어漉人天之魚」이었다. 항상 이를 차고 다님으로 몸을 보호
하고 내가 또 이에 더하여 선양禪楊의 옆에 걸 수 있도록 글을 써주었다. 무인년
(1938) 봄 속가 숙부 75세 늙은이 오위창

동산스님은 이 옥인이 발견될 당시 범어사 주지였다. 이를 동산스님을
통해 본 오세창은 감격했던 모양이다. 그때의 심정을 「옥돌이 삭지 않아
어보魚寶를 받쳐내니, 허리에 찬 작은 인장 천년의 고험效驗일세土花不蝕漉魚
寶 腰間小鑭爾千年效」라는 글로 표현했다. 이러한 내력을 가진 옥인을 동산스님
은 항상 허리에 차고 한시도 몸에서 떼지 않았던 것이다.

그런데 이 옥인에 새겨진 글씨는 스님이 쓰신 「장대교망張大教網 녹인천
어漉人天魚」과 약간 다르다. 「장대교망」은 같은데, 범어사의 옥인은 「漉人天之
魚」이고, 스님의 글씨는 그것에서 '之'가 빠진 「漉人天魚」로 되어있기 때문이
다. 그러므로 스님의 「장대교망張大教網 녹인천어漉人天魚」는 범어사 원효암
에서 출토된 옥인의 글씨로부터 직접 영향을 받으신 것 같지 않다.

미술가 단체의 효시인 서화협회가 결성될 때 13인의 발기인으로 참가하였으며, 민족서화계의
정신적 지도자로 활약하였다. 광복 후 서울신문사명예사장 · 민주의원 · 대한민국촉성국민회장
· 전국애국단체총연합회장 등을 역임하였다. 6 · 25전쟁 중 피난지 대구에서 사망하여 사회장
(社會葬)이 거행되었다.

통도사 차문화대학원의 교훈

그렇다면 스님의 「장대교망張大敎網 녹인천어漉人天魚」는 어디에서 나온 것일까? 「장대교망張大敎網」은 『대방광불화엄경大方光佛華嚴經』에 나오는 말이다. 『대방광불화엄경』(58권)의 「입법계품入法界品」에 다음과 같이 등장한다.

생사의 바다에 있는 이를 위해서는 길잡이 되어 그들을 건져주며 큰 가르침의 그물을 생사의 바다에 펼쳐 두고 다스려진 이들을 다 거두어 잡으며 선근을 길러 보살의 걸림 없는 법에 굳건히 서서는 일체 보살의 일을 성취하고 모든 부처님 처소에 머무르십니다.

生死海者 爲作導師 而度脫之 張大敎網 亘生死海 諸調伏者 攝而取之 長養善根 安立菩薩 於無礙乘 究竟一切諸菩薩事 住諸佛所.

여기서 보듯이 「장대교망」의 「대교망」은 큰 가르침의 그물로 이를 생사의 바다에 펼쳐 두고 중생을 제도한다는 의미로서 사용되고 있다. 하지만 그것에는 「녹인천어漉人天魚」이라는 말은 등장하지 않는다. 그러므로 이것에서도 나온 것 같지 않다. 그렇다면 어디에서 나온 것일까? 그 해답은 『금강반야바라밀경오가해金剛般若波羅密經五家解』(이하는 줄여서 『금강경오가해』로 한다)에 있었다. 그것과 관련된 부분을 소개하면 다음과 같다.

황면노자黃面老子가 적멸도장寂滅道場으로부터 생사生死의 바다에 들어가시며 큰 가르침의 그물을 펼쳐서 인천人天의 고기를 건지시니, 한 중생도 저 그물 속에 들어가지 않았도다. 어찌하여 그런가. 사람이 다리가 있어서 행行하고자 하면 곧 행하고 주住하고자 하면 곧 주住함이라. 다른 사람을 필요로 하지 않음이요, 개개인이 손이 있어서 잡고자 하면 곧 잡고 놓고자 하면 곧 놓음이라. 남의 힘을 빌리지 않으며, 이로써 밥이 오면 입을 벌리고 잠이 오면 눈을 감는데 이르기까지 일체가 자유로워서 남의 능력을 빌리지 않으니 이미 이와 같을진대 어떤 중생이 부처님의 제도할 바가 되리오. 이러한즉 사십구년을 이렇게 와서 마침내 얻은 것 없이 빈손으로 돌아갔음이로다.

說誼黃面老子 從寂滅場 入生死海 <u>張大敎網 漉人天魚</u> 無一衆生 入彼網中 何以故然 人人有脚 要行卽行 要住卽住 不要別人 介介有手 要捉卽捉 要放卽放 不借他力 以至飯來開口 睡來合眼 一切自由 不借他能 旣然如是 何有衆生 爲佛所度 伊麼則四十九年 伊麼來 終無得物空手廻.

위에서 보듯이 여기에서 「장대교망張大敎網 녹인천어漉人天魚」라는 말이 등장하고 있다. 그 뜻은 큰 가르침의 그물을 펼쳐서 인천人天의 고기를 건진다는 뜻이다. 다시 말해 오늘 스님이 노트에 쓰신 「장대교망張大敎網 녹인천어漉人天魚」는 『금강경오가해』에서 나온 말이었다. 이 말로써 「차문화대학원」의 교육과 운영을 어떤 자세로 임하여야 하는지 나에게 가르침을 주신 것이었다.

이러한 글귀로도 부족함을 느끼셨는지 스님은 또 다시 다음과 같은 글귀를 적어셨다.

2) 체망중중諦網重重/ 중중제망重重帝網

여기에 대해 스님은 「제망帝網」은 제석천의 궁전을 장식하는 빛나는 그물이다. 그 그물은 코마다 구슬들이 달려 있는데, 구슬들은 서로 상대방을 비추어 아름다운 빛이 끝없이 펼쳐진다. 사실 망의 구슬들은 우리들이며, 그것들은 인연 없이 존재하는 일은 없으며, 인연 없이 소멸하는 일도 없다. 제망은 모두가 유형과 무형으로 연결고리를 가지고 존재한다는 것을 의미하기도 한다. 이렇게 뜻을 풀이하시고는 어둑어둑해진 어둠 사이로 토굴에 내려가셨다.

많은 말씀을 하시지는 않았지만 스님은 앞으로 세워질 「차문화대학원」은 「장대교망張大敎網 녹인천어漉人天魚」라는 정신으로 교육하되, 그 내용은 제망의 구슬처럼 서로 비추어 빛을 발하여 온 세상을 아름답게 꾸미는 인재가 될 수 있는 것들로 채워져야 된다는 뜻을 나에게 전한 것으로 받아들여졌다. 특히 스님의 「장대교망張大敎網 녹인천어漉人天魚」는 앞으로 세워질 차문화대학원의 교훈으로 삼아야겠다고 생각했다.

2

통도사의 차문화

•
•

다게송茶偈頌

•

1. 차는 사라져도 차문화는 유지되었다.

오늘은 스님을 찾아온 방문객들이 많았다. 그러한 일들이 종정이 되시고 난 후에 부쩍 많아졌다. 그러나 스님은 누구에게나 친절하게 대해주셨다. 손님들이 간 다음 가끔 나의 다락방에 들리시곤 한다. 오늘도 들리셨다. 나는 그때 짓궂게 "차가 없었던 시대 의례에 필요한 차는 어떻게 하셨습니까?" 하고 물었다.

그러자 스님은 조선시대에 일부를 제외한 대부분의 사찰에서 차가 사라졌다. 그 이유는 차공출로 인해 의도적으로 차생산을 의도적으로 없앤 것도 있고, 그러한 영향으로 인해 차생산도 그다지 많지 않아 실제로 차공양하기가 어려웠다. 그렇다고 하여 차문화가 사라진 것은 아니다. 절에서는 의례에 차가 다양하게 자주 등장한다. 그것을 잘 나타낸 것이 다게茶偈이다. 특히 한국의 불교의례는 다게가 많다. 그런데 그 중에서 차가 없던 시대를 잘 반영하는 다게가 있다. 매일 아침 예불할 때 올리는 다게인데, 그 내용은 다음과 같다.

2. 아침예불의 다게

我今淸淨水	제가 이제 청정수를
變爲甘露茶	감로차로 삼아
奉獻三寶前	삼보전에 받들어 올리오니
願垂哀納受	원컨대 어여삐 여기시어 거두어 주옵소서,
願垂哀納受	원컨대 어여삐 여기시어 거두어 주옵소서,
願垂慈悲哀納受	자비 드리우사 거두어 주옵소서

이러한 다게는 그다지 오래된 것은 아니다. 1826년 간행된 『작법귀감作法龜鑑』에서 처음으로 등장한다. 여기서 말하는 청정수는 차를 대신하는 깨끗하고 맑은 물이다. 즉, 이 내용은 차를 쓸 수가 없는 환경에서 차 대신 물을 올리는 스님의 심정이 고스란히 드러나 있다 하지 않을 수 없다. 비록 차는 없어졌다고 하나, 그것을 올리는 의식마저 사라진 것은 아니었다. 이처럼 차문화는 의식을 통해서도 전해지고 있었다고 하셨다.
그렇다면 위의 「아금청정수我今淸淨水 변위감로다變爲甘露茶」 이전에는 어떠한 내용의 다게이었을까? 그 흔적은 1568년 성능聖能선사*의 『자기산보

문仔夔删補文』(1568)에 있다. 그 중 「배비일작법의문排備日作法儀文」 헌좌안위편獻座安位篇에 「헌다게獻茶偈」가 있는데, 그 내용이 다음과 같다.

我今持此一椀茶　　제가 지닌 이 한잔의 차

變成無盡甘露味　　다함이 없는 감로 같은 맛으로 되어지이다

奉獻十方佛菩薩　　시방세계 불보살님께 받들어 올리오니

不捨慈悲哀納受　　물리치지 마시고 가엾이 여겨 자비로 받으소서

---

*　　호는 계파(桂坡). 본래 경북 학가산(鶴駕山)의 승려이었으나 화엄사(華嚴寺) 벽암 각성(碧巖覺性)의 문하에서 3년 동안 수행하여 도를 이루었다. 화엄사의 장륙전(丈六殿)은 그의 원력(願力)에 의하여 1699년(숙종 25)에 공사를 시작하여 3년 만에 완공을 보았는데, 이에 얽힌 다음과 같은 설화가 전해지고 있다. 장륙전 중건을 위하여 100인의 승려들이 대웅전에서 백일기도를 올렸는데, 그는 기도의 원만한 성취를 위하여 공양주(供養主)를 자원하였다. 백일기도가 끝나는 회향일에 한 노승의 꿈에 문수보살이 나타나 "물 묻은 손으로 밀가루를 만져서 밀가루가 묻지 않는 사람으로 화주승(化主僧)을 삼아야 불사를 이룰 수 있다."고 하였다. 이에 100인의 대중이 모두 시험한 결과 성능(聖能)만 밀가루가 손에 묻지 않아 화주승이 되었다. 성능은 화주할 걱정에 대웅전에서 기도를 올리는데 "다음날 처음 만나는 사람에게 시주를 권하라."는 문수보살의 말씀이 들렸다. 그러나 다음날 처음 만난 사람은 절에 자주 들르는 거지노파였다. 그 노파는 성능에게 시주를 요구받자 "이 몸이 죽어 왕궁에 환생하여 큰 불사를 이루겠나이다." 하며 서원을 세운 뒤 연못에 몸을 던져 죽었다. 그 뒤 성능은 5, 6년을 걸식하여 사방을 돌아다니다가 한양 창덕궁에 이르러 마침 유모와 함께 궁 밖을 소요하던 공주와 마주쳤는데, 공주는 우리 스님이라면서 반가워하였다. 공주는 태어나면서부터 한손을 펴지 않았는데 성능이 이를 펴보니 손바닥에 '장륙전' 3자가 쓰여 있었다. 이 소식을 들은 숙종은 성능을 도와 장륙전을 완성하게 하였고, 사액을 내려 각황전(覺皇殿)이라 하였다 한다. 그 뒤 숙종은 1711년(숙종 37) 한양 수비의 요충인 북한산성 축성을 성능에게 위임하고 팔도도총섭(八道都總攝)의 직위를 내렸는데 9개월 만에 축성을 완료하였다. 다시 화엄사로 돌아온 그는 수행의 여가에 산성기사(山城紀事)를 집필하였다. 그는 이 『북한지(北漢誌)』를 판각하여 1745년(영조 21) 신임 도총섭인 서봉(瑞鳳)에게 인계하였다. 그 뒤에도 그는 화엄사에서 『화엄경』을 판각하는 불사를 이루었으며, 다시 통도사(通度寺)로 옮겨 통도사 석가여래영골사리탑비를 세우고 계단탑(戒壇塔)을 증축하였다.

여기서는 한잔의 차가 다함이 없는 감로의 맛으로 변한다고 했다. 즉, 청정수가 아닌 것이다. 그러한 것이 1576년 『예수십왕생칠재의찬요預修十王生七齋儀纂要』에도 이어져 다음과 같은 다게가 수록되어있다.

我今持此一椀茶	제가 지닌 이 한잔의 차
變成無盡甘露味	감로 같은 맛으로 되어지이다
奉獻十方三寶前	시방삼보전에 받들어 올리오니
願垂慈悲哀納受	원컨대 가엾이 여겨 자비로 받으소서

이와 같이 내용상으로는 원래는 감로의 맛으로 변하는 한잔의 차를 올려야 했다. 그러나 차가 없었던 시절, 차를 올리지 못하는 승려들의 마음을 헤아려 『작법귀감』에서 「일완다一椀茶」를 「청정수清淨水」로, 「감로미甘露味」를 「감로다甘露茶」로 바꾸어 오늘날과 같은 다게를 만들어낸 것이다. 스님의 설명과 같이 비록 과거 우리나라의 절에 차는 없었다 하더라도 「다게」에서 보듯이 불교의례를 통한 차문화는 고스란히 남아있었다고 할 수 있을 것이다.

통도사 차문화를
재건하다

1. 차가 없던 시절 사원의 차생활

　　스님이 오랜만에 다락방에 들러 우리들과 함께 차를 마실 시간을 가지셨다. 그때 마셨던 차는 회원들이 올해 통도사 차밭에서 차를 따서 만든 약차이었다. 그것을 끓여 즐겁게 마시던 도중 한 회원이 스님께 "옛날 차가 없던 시대에 스님들은 어떤 것으로 대신하였습니까?" 하고 물었다.

　　스님은 이 질문을 받으시고, 우리나라가 조선의 유교사회를 거치면서 불교가 피폐해짐에 따라 차문화도 쇠락의 길을 걷지 않을 수 없었다. 그러한 점은 통도사도 예외는 아니었다. 그렇다고 차문화가 사라진 것은 아니었다. 조선시대에 일부를 제외한 대부분의 사찰에서 차가 사라졌다. 그 이유는 차공출로 인해 의도적으로 차생산을 의도적으로 없앤 경우도 있었다. 이러한 영향으로 차생산도 적어 차공양 하기가 어려웠다고 설명하셨다. 차 대신 대용차를 사용하였다고 하셨다. 그러한 전통이 선방에 살아있었으며, 특히 헌다의식에 잘 남아있다. 선방에서는 차를 담당하는 다각茶角이라는 소임을 맡은 승려가 있었다. 그러므로 차는 없었을지 몰라도 차문화가 사라진 것은 아니었다고 힘주어 말씀하셨다.

차가 없었던 시절에는 주로 마가복차, 결명차, 대추차, 둥굴레차(황정차), 또는 백출, 창출을 넣어서 만든 것 등의 대용차가 사용되었다. 그 중 특히 둥굴레차, 마가복차가 많았으며, 다각은 결제 전에 김장과 함께 차를 장만해야 했다.

특히 마가복차는 한로寒露, 상강霜降 이후 나뭇가지가 얼었을 때 잘라서 말려두었다가 끓여서 사용했다. 그리고 창출과 백출은 독성이 있어서 쌀뜨물에 1, 2일 담가 놓았다가 말린 후 가루를 내어 마시기도 했다고 한다. 비록 차가 없어도 차문화는 살아있었다 한다.

2.

70년대 초반 스님은 본격적으로 차문화에 관심을 가지고 효당 최범술, 금당 최규용, 삼성출판사 사장 김종규, 목춘 구혜경 등 여러 다인들과 함께 한국차인회 발족에 참여하셨다. 당시 회장은 송지영씨가 맡은 것으로 기억하셨다. 그 중 특히 최범술씨는 스님으로서 우리나라 차문화의 선구자이었다. 그는 일본 유학파 출신이었으며, 해인사 주지를 역임하였고, 해방 후 제헌의원을 역임한 분이었다. 당시 그는 경남 다솔사에 있으면서 한국 차에

관한 이론을 다졌던 시기였다. 성파스님은 그 조직에 가담하여 크게 활동은 하지 않았으나, 그들과 뜻을 같이 하면서 차에 대한 관심은 지속적으로 가지고 있었다.

그 후 스님은 81년경 『통도사지』를 보시고 통도사의 차밭이 있었다는 사실과 그러한 기록이 우리나라 사찰의 사적기 가운데 유일하다는 사실을 아신 연후에 언젠가는 통도사에 차밭을 만들고 말겠다고 굳게 마음을 먹었다.

그 결과 90년경 통도사 경내에 차밭을 조성했다. 차는 산청군 시천면에서 가지고 왔다. 가능하면 밭에서 재배한 것을 피하고, 산에 있는 야생 차씨를 따가지고 왔다. 차씨는 육질이 많고 기름기가 많아 월동을 하고 봄이 되어 파종을 해도 살아남는다. 스님은 그것을 그대로 쓰지 않았다. 먼저 가을에 땅을 파고 흙과 모래를 섞어 묻고는 위에 흙으로 덮고 물이 들어가지 않게 삽으로 굳게 다져서 겨울을 난 다음 봄에 파종하는 방법을 사용하셨다. 다행히 싹은 바로 돌아났다. 차씨는 단단한 동백씨앗보다 연하여 발아가 잘되는 편이어서 차밭을 만드는 데 크게 어려움이 없었다.

차밭을 만드는 데 가장 어려운 점은 그곳이 습지이었다는 점이었다. 통도사는 우리나라 사찰 가운데서도 습지가 가장 많은 곳이며, 골이 짧다. 자장암이 제일 깊고, 그 다음이 서운암이다. 그럼에도 불구하고 이만큼 물이 많은 곳이 없다. 산지 습지를 제일 많이 가지고 있는 곳이 통도사이다. 그러한 곳이기에 옛날에는 논농사를 많이 지었지만, 지금은 농사를 짓지 않아 습지로 변해 있었다. 그 습지 중 한곳을 골라 약 3천 평 정도의 차밭을 조성했다. 바로 그곳이 현재 염불원 건물 옆에 있는 땅이었다. 당시는 염불원이 없었다. 이곳도 습지였다. 중고 굴착기를 사가지고 기사를 고용하여 몇 달이 걸려 고랑도 내고 관을 묻어 물이 빠지게 만들었다. 지금도 그곳은 조금 습하다. 그리하여 그곳에 염불원을 지을 땅과 차밭이 마련된 것이다.

현재 염불원에는 차를 생산할 수 있는 최신식의 제다실도 갖추어져 있다. 스님은 여기에 그치지 않았다. 2022년부터 사리탑 주변의 야생차밭도 제대로 관리하고 가꿀 계획도 가지고 계신다.

스님은 차밭 조성뿐만 아니라 다도보급에도 관심이 높았다. 85년에 통도사 주지의 임기를 마치고 서운암으로 거처를 옮기셨는데, 그때 서운암 주변에도 차나무도 함께 심어셨다. 1988년 9월 음력 초8일 삼천불 법당에서 55명의 회원으로「감로다회」를 조직하여 다도교육을 본격적으로 실시하였다. 이것을 나중에는「통도사 서운암 다회」로 고치고 다도문화를 보급하기 시작했다. 당시 다도사범으로서 교육을 담당했던 박덕자(박선근행)씨 의하면 이곳을 통해 6-700여 명의 다인들을 배출하였다고 한다.

이때 교육내용은 효당 최범술선생의 저서『한국의 다도』를 중심으로 진행하였으며, 다서로서는 초의의『다신전』,『동다송』도 읽었으며, 일본차와 중국차의 교육도 함께 병행하였다. 그리고 채다대회를 개최한 바가 있으며, 통도사 부도다례를 행하였다.

제다실습도 행하였는데, 떡차, 덖음차, 증차, 꽃차, 송차, 쑥차, 한방발효차 등 다양한 차를 만들기도 했다. 이것이 모두「통도사 선다회」가 설립되기 이전의 일들이다.

한편 해외교류에도 힘써 94년도에는 일본의 차유적답사와 차문화 교류를 하였고, 96년도에는 중국 절강대학을 방문하여 차문화교류와 답사를 했다. 그리고 같은 96년에 서운암에서 한중일 차문화교류를 행하였다.

2004년 4월 17-23일 동안「서운암 들꽃축제」를 개최했다. 그때 20일에는 「차와 사찰음식의 날」로 정해 행사를 치렀다. 2005년 「세계선차문화교류대회」에도 참가하여 마지막 행사인 폐막식이 장경각에서 행하여졌다. 2014년 9월에는 서운암에서 「처용달빛차회」가 열렸고, 2016년 9월과 2017년 10월에는 「영축산 들차한마당」이 각각 개최되었다. 그리고 2017년 8월에는 한국차인연합회가 개최한 「제32회 전국 차생활 지도자 친교의 밤」에 참가하여 축사를 하시기도 할 만큼 차문화에 대한 관심이 크다. 그 뿐만 아니다. 2021년 4월에는 서운암에 「통도사 차문화대학원」을 개설하였다. 그리고 같은 해 같은 달에 스님들이 중심으로 조직된 「통도선다연구회」에도 적극 지원하시며 연구 성과를 기대하시기도 한다.

통도사 차문화를 재건하다

통도사의
차 민요와 차 전설

스님은 언제나 『통도사지』를 근거로 통도사의 다소촌이 있었음을 강조하신다. 그러한 상징적인 인물이 자장율사와 자장의 화향제자 조일스님이다. 그렇다면 그것과 관련하여 통도사에는 차와 관련한 역사기록 이외에 구비전승으로 전해지는 것은 없을까? 이것은 나의 화두이기도 했다. 기회가 있을 때 마다 그것과 관련하여 이것저것 찾아보다가 자장암이 차와 관련된 민요가 있고, 영축산에 계셨다는 낭지스님과 차와 관련이 있다는 전승이 있다는 것을 발견했다.

통도사에는 크고 작은 암자가 19개나 있다. 그 중 자장암은 자장율사慈藏律師(590~658)*가 통도사를 짓기 이전에 이곳의 석벽 아래에서 움막을

---

*   삼국시대 신라의 대국통, 황룡사 주지 등을 역임한 승려이다. 진골출신 속명은 김선종랑(金善

짓고 수도하였으며 나중에 통도사를 창건하였다고 한다. 다시 말해 통도사 이전부터 있었던 가장 오래된 암자라고 할 수 있다.

자장암에는 다른 암자들과 달리 조금 특별한 곳이 있다. 그것은 다름 아닌 법당 뒤쪽 암벽에는 석간수石間水가 나오는데 자장율사가 손가락으로 바위에 구멍을 뚫어 금개구리를 살게 하였다는 전설이 있다. 실제로 그곳에 는 이른바 금와공金蛙孔이라는 구멍이 있고, 그곳에는 개구리가 살고 있다고 한다.

이능화李能和(1869~1943)*의 『조선불교통사朝鮮佛敎通史』 하권下卷 「승유 어급변화금와僧遺魚及變化金蛙」조에 다음과 같은 기록이 있다.

> 축서산 통도사의 자장암 곁의 커다란 암벽에 손가락 하나가 들어갈 만한 구멍이 있는데 그 속에 작은 개구리가 있다. 몸은 청색이고 입은 금색인데 어떤 때는 벌이 되기도 하여 그 변화하는 것을 헤아릴 수 없다. 여름철에 바위가 과열되면 뜨겁기가 솥과 같으나 그 위를 자유로이 뛰어다닌다. 사승寺僧이 이를 일러

宗郞). 법명은 자장(慈藏). 부친은 무림(茂林). 당에 유학하여 명성을 떨쳤고 당 태종의 두터운 예우를 받았다. 선덕여왕이 자장을 보내 줄 것을 요청하여 귀국한 후 분황사에 머무르며 대국통이 되었다. 645년 황룡사에 9층탑을 세웠고 불교를 널리 퍼뜨리기 위해 교화에 힘썼다. 화엄사상을 최초로 소개했고, 신라가 불교와 인연이 깊은 터전이라는 불국토사상을 뿌리내리게 했다. 계를 받고 불교에 귀의하는 법도를 확립했으며, 불도에 입문하는 자를 위해 통도사(通度 寺)를 창건하고 금강계단(金剛戒壇)을 쌓았다.

* 일제강점기 『조선불교통사』·『조선해어화사』·『조선무속고』 등을 저술한 학자. 1869년 1월 19일 충청도 괴산에서 출생했다. 본관은 전주(全州), 자는 자현(子賢)이다. 호는 간정(侃亭)·상 현(尙玄)·무능거사(無能居士)·상현거사(尙玄居士) 등을 썼다. 아버지는 이원긍(李源兢)이 다. 대한제국기에 한성법어학교 교장을 지냈으며, 일제강점기에 능인보통학교 교장, 조선불교 회 상무이사, 조선사편수회 위원 등으로 활동하였다.

통도사의 차 민요와 차 전설

금개구리라 하더라. 그런데 이 금개구리는 도무지 산문山門 밖을 나가지 아니한 다고 하므로 한때 어떤 관리가 그 말을 믿지 아니하고 그 개구리를 잡아 함 속에 넣어 단단히 닫고서 손으로 움켜쥐고 돌아가다가 도중에 열어보니 없어졌 다. 세간에 전하기를 그 개구리는 자장율사의 신통神通으로 자라게 한 것이라 말한다.

사람들은 구멍 속에 살고 있는 금개구리를 보기 위해 자장암을 찾는다. 마음이 맑은 사람만 볼 수 있다고 하여 신비로움과 함께 세인들의 관심을 끌기도 한다. 드디어 사람들은 그 개구리를 금와보살이라 부르기 시작했다.
자장암을 찬찬히 살펴보면 금개구리의 흔적이 여기저기서 발견된다. 관음전으로 들어가기 전의 문 앞 양측에는 돌로 만든 개구리상도 놓여져 있고, 그 중 한 마리는 새끼 개구리를 등에 업고 있다. 그리고 관음전 살문 아래에는 중앙에 연꽃을 두고 좌우로 금개구리 한 쌍의 조각된 것이 있다. 그리고 자장암에는 금와당金蛙堂이라는 이름을 가진 요사체도 있다. 이처럼 자장암은 금와보살의 암자라고 해도 과언이 아니다.
이같은 자장암의 금와보살은 통도사의 차문화와도 밀접한 관련성을 가지고 있다. 1957년 4월 진주산업대 김기원교수가 자장암 계곡에서 나물케 는 아낙네로부터 채록한 민요가 있다. 그 민요는 모두 2절로 구성되어있는 데, 우선 1절부터 소개하면 다음과 같다.

(1)
영축산록 자장골에
자장율사 따라왔던

자장암의 금개구리
차씨한알 토해주소
우리딸년 시집갈때
봉채집에 넣어주어
떡판같은 아들낳게
비나이다 비나이다
그문중에 꽃이피고
이가정에 복을주소
점제하려 비옵니다.

여기서 보듯이 통도사의 차씨는 자장율사를 따라 자장암에서 살기 시작한 금개구리가 토해내는 것으로 되어있다. 그것을 딸이 시집갈 때 봉채에 넣었으며, 시집가서 떡두꺼비 같은 아들을 낳고 행복하게 살 것을 기원했다. 그것의 2절은 다음과 같다.

(2)
둥개둥개 두둥개야
금자동아 은자동아
천리금천 내새끼야
자장암에 금개동아
영축산록 차약일세
좀티없이 자라나서
한양가서 장원급제

이낭자의 소원일세

비나이다 비나이다

부처님전 비나이다*

　시집간 딸이 떡뚜꺼비 같은 아들을 낳고, 그 아이를 금지옥엽처럼 키우
다가, 혹여 잔병치레라도 하면 영축산에서 나는 차약으로 치료하여 몸이
튼튼하게 성장하여 과거장에 나가 장원급제하기를 부처님께 빌었음이 민요
에 잘 나타나 있다.

　그런데 위의 내용 중 「영축산록 자장골에 자장율사 따라왔던/ 자장암의
금개구리 차씨한알 토해주소」라는 대목은 우리의 관심을 끌기에 충분하다.
왜냐하면 당시 마을 사람들은 통도사의 차는 자장율사와 함께 한 금개구리가
토해내는 차씨로 시작되었다고 인식하고 있었다는 점이다.

　이러한 사실은 식민지 시절 일본인 차전문가 모로오카 타모쓰諸岡存
(1879~1946)**, 이에이리 카즈오家入一雄(1900~1982)***의 기록 『조선의 차와
선』을 통해서도 확인이 된다. 이들은 통도사를 방문하여 경내에 있는 차나무

---

*　김기원, 「한국의 차민요 조사」, 『한국차학회지』 제1권, 1995, 85~86쪽.

**　일본의 정신의학자. 차연구가. 규슈제국대학(九州帝国大学) 의학부 정신과 졸업. 영국유학.
　　유학 시절 매일 아침 홍차를 마셨던 것이 훗날 차연구가로 발전했다. 귀국 후 규슈대학, 고마자와
　　대학(駒澤大学) 교수 역임.

***　일본 아소농업학교 임과(林科)와 조선 수원고등농림학교 임과를 졸업하고 조선총독부 임업시험
　　장 등에서 근무하다가 전라남도 산림부 산림과 등에서 1932~1942년까지 10여 년간 근무하였다.
　　그는 임업시험장에 근무하던 1925년경부터 조선의 차나무에 대해 관심을 갖고 있다가, 전라남
　　도 산림과에 근무하고 있던 1938년 11월, 광주에서 모로오까 타모쓰를 만나 조선 차여행기가
　　『조선의 차와 선』이다.

를 둘러보고 관계자들로부터 자장스님이 당나라에서 귀국할 때 가져온 차종을 재배한 것이며, 자장율사가 좌선을 한 다음 차를 마셨다는 이야기를 들었다. 또 이들은 『신증동국여지승람新增東國輿地勝覽』에 통도사의 토산품으로 차를 들고 있다는 기사도 파악했다. 그 뿐만 아니라 그들은 『통도사금리가사약록通度寺金利袈裟略錄』에 "북동을산北東乙山의 다촌茶村은 조다공사造茶貢寺 터이다. 공사다貢寺茶, 전다천田茶泉은 아직 그 모습이 남아있다. 뒤에 다소촌茶所村이라 한다."는 내용이 있다는 것도 알고 있었다.

그들은 또 기록전승으로서는 원효元曉(617~686)와 설총薛聰(658~730)에 대해 주목했다. 『동국여지승람東國輿地勝覽』에 의하면 원효는 부안의 변산卞山에 잠시 머문 적이 있었는데, 그때 사포沙包가 원효에게 차를 바칠 때 샘물이 없어서 곤란을 겪던 중 홀연히 바위 사이로 감천이 올라와 그 물맛 달기가 젖과 같았는데, 그 물로 차를 달였다는 이야기가 있다. 아마도 사포는 원효의 시자일 것이다. 이것이 사실이라면 원효는 차를 즐겨 마셨던 다승이었음을 그들은 발견한 것이다.

또 하나의 이야기는 그의 아들이 설총이다. 설총이 신문왕神文王(661~692)에게 「화왕계花王戒」를 지어 바쳤는데, 그것에는 '고량진미로 배를 채우고, 차와 술로써 정신을 맑게 한다膏粱以充腸 茶酒以淸神'라는 내용이 들어있다. 여기서 「차와 술로써 정신을 맑게 한다」는 표현에서 보듯이 설총도 차를 알았다. 이를 바탕으로 원효가 차를 마셨다면 그의 아들 설총도 마셨을 것이며, 그들을 통해 그들이 살았던 당시 신라의 음다문화를 통도사의 방문조사를 통하여 어느 정도 파악하였던 것이다.＊

＊   諸岡存, 家入一雄 저, 최순자 역, 『조선의 차와 선』, 삼양출판사, 1983, 55~57쪽.

이러한 사실을 바탕으로 모로오카, 이에이리는 원효스님이 지통智通(?~?)*과 함께 영축산 통도사에 계시는 낭지朗智(?~?)스님**을 모셨다고 했다.*** 그렇다면 당시 그들이 통도사의 차문화를 이끌었던 주역들이라 할 수 있을 것이라고 보았던 것이다.

이러한 점들을 상세히 파악한 것을 『조선의 차와 선』이라는 저서를 통해 알리고 있는 것이다. 이를 계기로 일부 연구자들 중에는 자장율사가 당나라에서 귀국할 때 차 종자를 가져온 것이라고 믿는 사람이 그때부터 생겨나기 시작했다.

문제는 낭지스님이 문무왕 때 거처했다는 영축산이다. 『삼국유사三國遺事』의 「낭지승운 보현수朗智乘雲 普賢樹」 조에 낭지스님의 거처를 "삽량주歃良州 아곡현阿曲縣의 영축산靈鷲山"이라 하였다. 그들이 지적한 것처럼 통도사

---

* 의상의 10대 제자 중 1인. 이량공(伊亮公)의 하인으로 지내다가 7세 때 까마귀가 날아와 영축산 (靈鷲山)에 있는 낭지(朗智)의 제자가 되라고 하였다. 영축산 골짜기에서 보현보살(普賢菩薩)을 만나 계품(戒品)을 받고 낭지를 찾아가 제자가 되었다. 그가 영축산 동쪽에 있을 때 영축산 서북쪽의 반고사(磻高寺)에 있던 원효와 자주 접촉하였고, 원효는 그를 위하여 『초장관문(初章 觀文)』과 『안신사심론(安身事心論)』을 저술하였다. 그 뒤 의상의 제자가 되어 화엄종을 선양하였다. 의상이 소백산 추동(錐洞)에서 90일 동안 3천 명의 대중에게 『화엄경』을 강의하였을 때 그 요지를 뽑아 『추동기(錐洞記)』 2권을 지어 세상에 유포하였다. 또, 『열반경라습역출십사음변 (涅槃經羅什譯出十四音辨)』 1권을 저술하였으나 현존하지 않는다.

** 문무왕 때에 삽량주(歃良州) 아곡현(阿曲縣) 영취산(靈鷲山)에 머물렀다. 그는 암자에 오랫동안 머물렀지만 자기 이름을 말하지 않았기에 고을에서는 그를 알지 못했다. 낭지는 평소에 『법화경 (法華經)』을 강의하였으며 법력을 통해 자유자재로 신통력을 보였다. 그는 661년(문무왕 원년) 에 뒷날 의상의 제자로서 『추동기(錐洞記)』를 지은 지통(智通)이 보현보살(普賢菩薩)에서 정계 (正戒)를 받고 찾아오자 출가를 시켰다. 낭지가 머물던 암자를 사람들은 혁목암(赫木庵)이라 했다. 그는 "이 암자 자리는 가섭불(迦葉佛) 때의 절터인데 땅을 파다가 등항(燈缸) 두 개를 얻었다"라고 하였다. 낭지는 영취산 혁목암에서 최소한 135세 이상을 살았다고 전한다.

*** 諸岡存, 家入一雄 저, 최순자 역, 위의 책, 55~57쪽.

통도사의 차 민요와 차 전설

라는 이름은 등장하지 않는다. 그런데 현재 공교롭게도 영축산이 한곳이 아닌 두 군데나 된다. 하나는 통도사가 있는 양산의 영축산이고, 또 다른 하나는 울산의 영축산이다. 이 중 어디를 가리키는 것인지 『삼국유사』의 기록만으로는 확정짓기 어렵다. 심지어 역사학자 이병도는 포항시 장기면으로 보았고, 이재호는 부산 동래 지역에 있다고 보기도 했다.

그러나 지금은 울산의 문수산 혹은 양산의 영축산으로 좁혀져 있다. 울산에 영축산이 있었다는 사실을 일반인들은 잘 모른다. 현재 울주군 청량면 율리에 위치한 문수산이다. 문수산의 옛 이름이 영축산이었다는 것이다. 지금도 그곳에는 영축사지가 있으며, 또 '안 영축', '바깥 영축'이라는 마을 이름도 남아있다. 이처럼 울산에도 영축산이 있었다. 더구나 『삼국유사』의 주에 "삽량歃良은 지금의 양주梁州다. 아곡阿曲은 아서阿西라고도 하고, 또 이르길 구불求佛 혹은 굴불屈弗이라고 한다. 지금 울주蔚州에 굴불역屈弗驛을 두었는데, 지금도 그 이름이 남아있다." 하였다. 울산에는 구불, 굴불을 연상케 하는 「굴화」라는 지명이 지금도 남아있어, 낭지스님이 영축산에 계셨다면 아마도 그곳은 통도사의 영축산보다 울산의 영축산(문수산)일 가능성이 높다.

이러한 사실은 스님도 잘 알고 계셨다. 그러나 스님은 여기에 대해 크게 개의치 않으셨다. 승려들은 한곳에 머무르지 않는다고 하시면서, 거리상으로 보아도 가까워 낭지스님이 울산의 영축산에 살았다면 통도사에도 머물렀을 것이고, 비록 거처하지 않았다 하더라도 서로 왕래하였을 것이며, 상호 영향을 주고받았을 것이기 때문에 문화적으로는 같다고 하셨다. 이것은 원효와 지통스님도 마찬가지였을 것이라는 것이 스님의 해석이었다.

이를 근거로 문수산의 영축사 승려들이 차를 마셨다면 통도사의 승려들도 차를 마셨을 것이며, 통도사의 승려들이 차를 마셨다면 문수산의 영축사 승려들도 마셨을 것이다. 이를 다르게 표현하면 비록 낭지와 원효 그리고 지통스님들이 직접적인 통도사와 관련이 없다고 하더라도 그들의 음다를 통하여 당시 통도사 승려들의 차문화를 유추해볼 수 있다는 것에 대해서는 누구도 부인하지 않을 것이라는 생각이 들었다.

통도사는 646년에 자장율사에 의해 창건되었으며, 그때 차밭도 조성되었다. 또 울산의 영축사도 그보다 약간 뒤인 683년(신문왕3)에 발원하여 창건되었을 것으로 보인다. 창건 당시의 영축사는 통일신라시대의 전형적인 쌍탑일금당雙塔一金堂의 가람배치를 갖추고 있었으며 사역의 범위나 규모가 경주 지역의 주요 사찰과 견주어도 손색이 없을 정도의 큰 사찰이었다. 그렇다면 이곳에서도 통도사와 마찬가지로 차밭이 조성되었을 것이다. 지금도 마을 주민들의 말에 따르면 그 부근에는 야생차가 군락을 이루고 있다고 한다.

그러한 면에서 우리의 차문화에서 양산 통도사와 울산 영축사는 매우 중요하다. 왜냐하면 그것은 많은 사람들이 생각하듯이 828년 사신으로 당나라에 갔던 대렴이 귀국하면서 차 종자를 가져와 지리산에 심었다는 『삼국사기』의 기사보다 훨씬 더 시대를 거슬러 올라갈 수 있기 때문이다. 그리고 그 핵심에는 통도사의 차밭이 자리 잡고 있다. 이러한 사실을 1930년대 일본인의 기록을 통해 다시 한번 확인해볼 수 있는 기회를 가진 것이라는 생각이 들었다.

통도사의 차 민요와 차 전설

百家秋意一雁聲 性坡

성파의
예술관

1.

오늘따라 유난히 스님께서 기분이 좋으신 것 같다. 다락방에 들어오시
더니 조용히 우리들을 바깥으로 불러내시더니 오늘 하신 작품들을 보여주셨
다. 스님은 불화도 그리시지만, 최근에는 추상화를 많이 하신다. 나이에
걸맞지 않게 스님의 그림은 젊다. 전체적으로 밝고 화려하며, 천진난만한
아이와도 같다. 작업을 많이 하신 날은 기분이 좋으시다. 그리하여 가끔
우리들에게 자랑을 하신다. 그 덕분에 우리들은 발표되기 이전의 스님의
작품들을 감상할 기회를 가지는 것이다. 근래 스님은 토굴의 옆에 작업장을
새로 마련하셨다. 그곳은 바닥에 물을 가두어 놓고 작업하는 일종의 특별한
수중 작업장이다.

2.

스님의 작품들을 감상하고 다락방으로 다시 돌아온 우리들은 스님의 작품에 대해 질문이 쏟아졌다. 그러다가 한 회원이 뜬금 없이 "스님! 스님에게 예술은 무엇이라고 생각하십니까?" 하고 질문을 던졌다. 이것은 매우 원초적인 우문일 수도 있지만, 예술을 모르는 평범한 사람이라면 어느 예술가에나 한번쯤 물어보고 싶은 중요한 물음이기도 했다. 이러한 질문에 모두 스님으로부터 어떠한 대답이 나올까 숨죽여 기다렸다. 그러자 스님은 그에 대해 그침이 없이 다음과 같이 말씀을 하셨다.

3. 예술이란?

"예술은 유희이다." 그러므로 즐겨야 한다. 그러기 위해서는 필수요소가 기본기가 갖추는 일이다. 그 조건이 갖추어져 있지 않으면 그 춤은 막춤이요, 행위는 막가파이다. 그러나 즐기기 위해서는 필수적으로 「생이후숙生而後熟=농濃」의 단계를 거쳐야 한다. 이때 숙은 '농濃'이라고 표현해도 좋다. 그런 다음에 「숙이부생熟而復生」이 되어야 한다. 여기서 등장하는 두 개의 생生은 글자는 같지만 그 뜻은 완전히 다르다. 이 단계를 거치지 않으면 진정으로 즐길 수 없다.

성파의 예술관

4. 어떻게 예술을 유희하는가?

예술을 즐길 때는 「발분망식發憤忘食」
이 되어야 한다. 배우가 무대에서 가면을
쓰고 펼치는 멋진 연기는 자신을 잊어버릴
정도로 몰입되어있을 때이다. 춤꾼이 자
신의 손발의 동작, 몸짓이 어떠한 모습을
취하였는지도 잊어버렸을 때 진정한 춤이
되고 연기가 되듯이 취해야 하는 것이다.

그 순간은 어느 것에도 얽매이지 않는
대자유의 세계이므로 제멋대로 미쳐야 하
는 것이다. 그러므로 잘하려고도 못하려
고도 하지 않는 무분별심으로 해야 한다.
거기에는 어떤 의도가 있어서는 안 되는
것이다.

하지만 노는 데는 법칙이 있다. 그것
은 다름 아닌 「백척간두百尺竿頭의 진일보
進一步요, 현애살수懸崖撒手이다」 백 척 높
이의 장대에서 한걸음 내딛기이며, 그곳에
서 손을 놓는다는 것은 죽음을 각오한다는
뜻이다. 즉, 떨어질 곳落處을 아는 것이다.
가면을 쓴 배우가 최후에는 가면을 벗어
자신의 진면목을 보여주듯이 작품을 통해

서 자신의 혼(진면목)을 보여주어야 한다. 이것이 바로 나我이다. 나가 없으면 아무것도 아니다. 어딜 가더라도 '나'가 있어야 한다. 그것은 마치 동쪽에 가도 서쪽이 있고, 서쪽에도 동쪽이 있는 것과 마찬가지이다. 내가 있어야 남이 있는 것이다. 그러므로 부처님께서는 「천상천하유아독존天上天下唯我獨尊」이라고 외쳤던 것이다. 그 '나'가 작품에서는 혼이다. 따라서 유희자는 자신의 혼을 보여주어야 하고, 보는 이는 유희(그림) 속에 감추어진 혼을 보아야 한다.

이것이 그림을 읽는 독화讀畵이며, 「한로축괴 사자교인韓盧逐塊, 獅子咬人」의 세계이다. 중국의 구양수歐陽修(1007~1072)*가 「취옹정기醉翁亭記」에서 취옹이라 한 것醉翁之意은 「술에 있지 아니하고 산수지간에 있는 것不在酒, 在乎山水之間也」이라 했다. 즉, 그는 산수를 보고 취한 것이지 술에 취한 노인이 아닌 것이다.

---

* 중국 송나라 인종, 신종 때의 정치가·시인·문학자·역사학자이다. 자는 영숙(永叔)·취옹(醉翁)·육일거사(六一居士). 시호(諡號)는 문충(文忠)이다. 가난한 집안에 태어나 4세 때 아버지를 여의었고, 문구(文具) 살 돈이 없어서 어머니가 모래 위에 갈대로 글씨를 써서 가르쳤다고 전한다. 10세 때 당나라 한유(韓愈)의 전집을 읽은 것이 문학의 길로 들어선 계기(契機)가 되었다. 1030년 진사가 되었으며, 한림원학사(翰林院學士)·참지정사(參知政事) 등의 관직을 거쳐 태자소사(太子少師)가 되었다. 인종(仁宗)과 영종(英宗) 때 범중엄(范仲淹)을 중심으로 한 새 관료파에 속하여 활약하였으나, 신종(神宗) 때 동향후배인 왕안석(王安石)의 신법(新法)에 반대하여 관직에서 물러났다. 송나라 초기의 미문조(美文調) 시문인 서곤체(西崑體)를 개혁하고, 당(唐)나라의 한유를 모범(模範)으로 하는 시문을 지었다. 시로는 매요신(梅堯臣)과 겨루었고, 문(文)으로는 당송8대가(唐宋八大家)의 한 사람이었으며, 후배(後輩)들에게 많은 영향을 주었다. 특히 송(宋)대의 고문(古文)의 위치(位置)를 확고부동(確固不動)한 것으로 만들었으며, 전집으로 『구양문충공집』 153권이 있다. 『신당서(新唐書)』, 『오대사기(五代史記)』의 편자이기도 하며, 『오대사령관전지서(五代史伶官傳之序)』를 비롯하여 많은 명문을 남겼다.

성파의 예술관

5. 진정한 예술과 목적은?

예술은 즐겨야 하는 것이기에 너무 딱딱하거나 너무 부드러워서도 안 된다. 부드러우면서도 강해야 하고, 강하면서도 부드러워야 한다. 그것은 마치 가장 부드러운 붓에서 강한 필력이 나오는 서예와도 같다. 그러나 글은 붓의 털에서 나오는 것이 아니라 그것을 가지고 글씨를 쓰는 사람의 혼(정신력, 氣)에서 나온다는 사실을 깨달아야 한다. 따라서 예술가에게는 혼이란 매우 중요하다. 그것이 없으면 그것은 죽어서 길바닥에 널브러진 뱀과 같은 것이다. 살아있는 뱀은 똑같이 길바닥에 널브러져 있어도 죽은 뱀과는 다르다. 그 차이는 바로 기(혼)가 있고 없는 데서 발생한다. 그러므로 혼이 살아있는 작품이야 말로 진정한 예술이다. 바꾸어 말하면 '혼이 있는 즐거움'이 바로 예술인 것이다.

나는 앞으로도 더 많이 놀고 싶다. 나는 한 점이라도 더 많이 작품을 생산하고 싶다. 작품이란 내가 놀았던 흔적(발자취)이지 목적이 아니다. 발자국은 걸어서 지나감으로써 자연스럽게 생겨나듯이, 작품은 즐김으로써 생겨난 결과이다. 그러므로 나에게는 작품이 목적이 될 수가 없다. 목적(이념, 개념, 형식)에 사로잡히거나 빠져서는 안 된다. 예술은 무애無碍하고 자유로운 것이다. 따라서 「예술은 어려운 것이 아니라 다른 어느 것보다 쉽다」. 이 세상에서 노는 것보다 쉬운 것이 어디에 있겠는가?

무엇보다 중요한 것은 성파의 유희에 속아서는 안 된다. 성파의 유희를 통해 성파를 보아야 하고, 성파를 통해 자신을 발견하여야 한다. 진정한 예술의 완성이 바로 그때 이루어지는 것이다. 이것이 성파스님이 하고자 하는 예술의 유희론이었다.

6. 다도도 예술이다.

한국 다도의 중흥조인 초의草衣(1786~1866)선사*가 정조의 부마인 홍현주洪顯周(1793~1865)**에게 다도에 관한 질문을 받고 답한 적이 있다. 그것이 유명한 『동다송東茶頌』이다. 그것에 의하면 다도를 다음과 같이 정의하고 있다.

딸 때에는 묘함을 다해야 하고, 만들 때에는 정성을 다해야 하고, 물은 진수眞水를 얻어야 하고 달이기는 중정中正을 얻어야 한다. 체體와 신神이 조화調和되고 건健과 영靈이 아우러져야 한다. 여기에 이르면 다도를 다했다 할 것이다.

---

* 　조선 후기의 승려. 호는 초의(草衣), 성은 장(張), 자는 중부(中孚). 15세에 병으로 죽을 고비를 넘긴 뒤 남평(南平) 운흥사(雲興寺)에서 승려가 되어 금담(金潭)에게서 선(禪)을 닦고, 윤우(倫佑)의 법을 이어받았다. 산스크리트어 및 신상(神像 : 신령의 화상이나 초상)에 능했고, 정약용에게서 유학과 시문(詩文)을 배웠다. 신위(申緯)·김정희(金正喜) 등과 사귀면서 해남의 두륜산(頭輪山)에 일지암(一枝庵)을 짓고 40년간 지관(止觀)을 닦았다. 서울 봉은사(奉恩寺)에서 『화엄경』을 새길 때 증사(證師)가 되었고, 달마산(達摩山) 무량회(無量會)가 창립되자 강석(講席)을 주재하였다. 의순은 자신의 저서 『선문사변만어(禪門四辨漫語)』를 통해 긍선(亘璇)의 『선문수경』의 주장을 반박하여, 여래선 이외에 의리선이 따로 있을 수 없으니 두 가지 선밖에 없다는 입장을 취하였다. 특히 그는 '한국의 다성'으로 우리나라의 다도를 정립했다. 대흥사를 중심으로 직접 차를 기르고 좋은 종자를 개발하는 데도 힘써 그 지역을 차 문화의 중심지로 만들었다. 또한 『동다송(東茶頌)』과 『다신전(茶神傳)』을 비롯해 수많은 다시(茶詩)를 지어 다도의 이론적 확립을 모색했다. 스님의 선 사상 역시 다선삼매(茶禪三昧)라는 명칭이 붙을 정도였으니, 스님에게 있어 차는 "불가의 오랜 음다풍(飮茶風)을 넘어서서 예술과 선 수행의 경지로까지 승화했다"는 말로 표현할 수 있겠다.

** 　조선후기 제22대 정조의 부마. 본관은 풍산(豊山). 자는 세숙(世叔), 호는 해거재(海居齋)·약헌(約軒). 아버지는 홍인모(洪仁謨)이며, 우의정 홍석주(洪奭周)의 아우이다. 정조의 둘째딸 숙선옹주(淑善翁主)와 혼인하여 영명위(永明尉)에 봉하여졌다. 1815년(순조 15) 지돈녕부사가 되었다. 문장에 뛰어나 당대에 명성을 떨쳤다. 저서로는 『해거시집』이 있다. 시호는 효간(孝簡)이다.

성파의 예술관

采盡其妙 造盡其精 水得其眞 泡得其中 體与神相和 健与靈相倂 至此茶道盡.

　이 말을 빌리면 다도란 적기에 채다하여, 적당한 열기로 조다한 차眞茶를 가장 좋은 물眞水을 알맞게 끓인 물로 적당량의 차를 넣어 적당한 시간에 맞추어 우려내어야 가장 맛있는 차眞味를 마실 수 있게 하는 것이라 할 수 있다. 즉, 다신茶神이라 할 수 있는 차의 진수를 나오게 하여 마시는 것이 다도라 한 것이다. 이를 다르게 표현하면 차의 진수(다신)은 좋은 차와 좋은 물, 그리고 좋은 기술이 만나 서로 조화를 이룰 때 나온다고 할 수 있다.

　이같은 초의의 차사상은 "만들 때는 정성스럽게, 저장할 때는 건조하게, 차 우릴 때는 청결하게 한다. 정성스럽게, 건조하게, 청결하게 하면 다도를 다한 것이다造時精 藏時燥 泡時潔 精燥潔 茶道盡矣."라 했던 『다신전茶神傳』을 발전시킨 것이다. 사실 이 말도 초의가 한 말이 아니다. 원래는 16세기말 명나라 장원張源*의 『다록茶錄』에 나오는 마지막 문장으로 이를 초의가 인용하여 다도를 논의했던 것이다.

　그러나 지금의 다도는 그때와는 많이 달라졌다. 중국에서는 다도를 「다예茶藝」라고 하고, 일본에서도 예능藝能이라고 보는 시각도 있다. 즉, 예술로 보는 시각이 있는 것이다. 최근 일본에서 상영된《리큐利休에게 물어라》는

---

*　중국 강소성(江蘇省) 진택현(震澤縣) 동정서산(洞庭西山)에 살면서 당대에 정립된 덖음녹차(炒菁綠茶)에 대해 저술한 것이 『다록』이다. 이 책은 1595년 전후에 쓰여진 것으로 명대의 『다서전집』에 실려 있고, 청대의 『만보전서』에도 실려 있는데, 이것을 옮겨 적은 것이 초의의 『다신전』이다.

영화에서는 다도를 정신적 아름다움을 추구하는 미학으로 그려내고 있다. 이처럼 다도란 다른 예술과 마찬가지로 하나의 예술분야로서 자리 잡아 가고 있다. 그러한 의미에서 성파의 예술론은 다도에도 적용이 될 수 있다고 본다. 특히 그것은 낙처落處도 의식하지 않고 외형적 형태만을 고집하여 다름을 수용하지 못하는 경직된 다도를 만드는 일부 다인들에게는 큰 가르침임에 틀림없다.

방장이란
의미

　　오늘의 강의 주제는 일본 다도의 완성자인 「센리큐千利休의 다실」이었
다. 스님도 처음부터 수업에 참여하시어 꼼짝도 하지 않으시고 끝까지 들으
셨다. 수업이 끝난 후에 다담으로 이어졌다. 한 회원이 실례를 무릅쓰고
불쑥 "방장方丈이란 어떤 뜻을 가진 것입니까?" 하고 스님에게 물었다. 아마
도 스님이 통도사 방장이라는 직함을 가지고 있어서 그것에 대해 몹시도
궁금했던 모양이다. 이에 대해 스님은 아무 것도 모르는 아이에게 설명하듯
이 다음과 같이 친절하게 설명하셨다.

1.

오늘날 방장이란 큰절의 주지 또는 불교의 총림의 최고책임자를 나타내는 말이지만, 원래는 그러한 뜻이 아니다. 방장의 방方은 방위를 나타내고, 장丈은 길이를 나타내는 말이다. 이 말을 합하여 생겨난 방장이란 말은 본래는 사방으로 1장이 되는 방이라는 뜻이다. 이는 부처님 당시의 유마거사維摩居士가 병이 들었을 때 그가 거처했던 사방 1장의 방에 문병 온 3만 2,000명을 모두 사자좌獅子座에 앉게 한데서 방장이라는 말이 생겨났다.

1장은 대개 10자로 잡는다. 10자는 시방세계를 나타낸다. 시방세계란 동서남북과 중앙을 포함하면 5방인데, 이를 상하로 하면 시방十方이 된다. 시방은 곧 우주이다. 그러므로 10자로 되어있는 방장은 시방세계이자 우주이다. 시방세계는 너무나 넓어 사람이 측량할 수 없는 무한의 공간이기도 하다.

이러한 공간에 머무는 사람이 방장이다. 비록 그는 사방으로 한발밖에 되지 않는 좁은 공간에 있다 하더라도 정신세계는 시방세계를 넘나들어야 한다. 이러한 정신세계와 역량을 가진 자가 방장인 것이다. 불교에서 「수미산이 겨자씨에 들어갔다」 하고, 또 앞에서 방장실에 3만 2천 명이 들어갔다고 표현한 것도 바로 이러한 뜻이다.

2.

그런데 오늘 노교수의 강의를 들어보니 일본 다도에서 다실을 좁히고

줍혀서 다다미 1장반의 작은 방까지 만들어 낸다고 한다. 마치 그것은 방장과도 같은 의미인 것 같다. 비록 작은 공간에서 차를 마시지만, 정신세계는 시방세계를 넘나드는 도의 경지에 머물러 있어야 한다는 것을 강조한 것처럼 느껴진다. 만일 그렇다면 이것이 바로 다도가 추구하는 목표라고 생각한다. 다시 말해 다도란 높은 곳을 올라가는 사다리에 불과하다. 이것을 강조한 것이 일본 다도가 아닌가 생각한다. 이렇게 말씀하시더니 "밥하러 안갑니까?" 하시더니 바깥으로 나가셨다.

　　이러한 스님의 방장에 대한 해석은 일본 초암 다실의 원류를 생각할 때 매우 중요한 의미를 가진다. 우리나라의 많은 사람들은 일본 초암다실이 조선의 서민의 가옥 초가에서 비롯되었다고 생각한다. 또 어떤 이들은 일본 승려와 교류한 김시습金時習(1435~1493)*의 초암이 일본 초암다실의 원류라고 구체적인 예를 들어 설명하는 사람들도 많다.

　　그러나 냉정하게 생각하면 일본 초암다도의 시조인 무라다 쥬코 이전에도 일본에는 초암이 있었다. 그 대표적인 예로 김시습의 이전 보다 시대적으로 앞선 인물인 가모노 초메이鴨長明(1155~1216)**를 들 수가 있다. 그는

---

*　조선전기『매월당집』·『금오신화』·『만복사저포기』등을 저술한 학자. 문인. 서울 출생. 본관은 강릉(江陵). 자는 열경(悅卿), 호는 매월당(梅月堂) · 청한자(淸寒子) · 동봉(東峰) · 벽산청은 (碧山淸隱) · 췌세옹(贅世翁), 법호는 설잠(雪岑). 생육신의 한 사람. 5세 신동이라 불릴 정도로 어릴 때부터 글재주가 뛰어났다. 21세 때 수양대군의 왕위찬탈 소식을 듣고 3일간 통곡하다 보던 책을 불사른 뒤 승려가 되었다. 생육신으로서 단종에 대한 절개를 끝까지 지키며 유랑인의 삶을 살다 충남 부여의 무량사에서 생을 마쳤다. 그는 근본사상은 유교에 두고 불교적 사색을 병행했으며, 선가의 교리까지 포괄하려고 시도하는 등 다채로운 면모를 보였다.

**　가마쿠라 시대를 대표하는 수필가 겸 시인. 보통 기쿠 다유(菊大夫)나 미나미 다유(南大夫)로 불리며, 법명은 렌인(蓮胤). 신관의 집안에서 태어나 와카, 관현 등을 배웠다. 1201년 와카집 편찬을 위해 조정의 기록소에서 일했다. 이후 신관이 될 수 있었지만 친척의 방해로 좌절되었다.

시인이자 수필가이며, 승려이었다. 그가 만년에 교토의 교외 히노야마日野山에서 초암을 짓고 살았는데, 그 집의 크기가 4방 1장丈이었다. 즉, 방장이었다. 그리하여 그곳에서 그의 쓴 수필을 『방장기方丈記』라 하는 것이다. 실제로 가모노 초메이는 자신의 초암을 정명거사浄名居士의 방을 모방하여 만들었다고 했다. 여기서 말하는 정명거사는 바로 유마거사를 말한다. 즉, 그의 초암의 원류는 유마거사에 있었다.

　일본 초암다실 크기의 기준이 다다미 4장반이다. 그 크기는 가모노 초메이가 살았던 초암과 같은 크기이며, 또 그것은 유마거사의 거처인 방장의 크기와 같다. 다시 말해 일본의 초암다실은 이것을 기준으로 삼고 있다. 그리하여 그보다 좁은 것을 고마小間이라 하고, 그 보다 넓은 것을 히로마広間라 한다. 이처럼 일본의 초암다실은 김시습의 초암이 아닌 유마거사의 방에서 기인함을 알 수 있다. 그러한 의미에서 스님의 방장에 대한 해석은 일본 다실의 원류를 생각하는 데도 매우 유익함에 틀림없다.

　　　50살에 출가한 후 히노 산에서 숨어 살며 「방장기」, 「발심집」, 「무명초」 등의 저서를 남겼다.

일본의 차문화론

마음의
주인

•

1.

　오늘의 차문화 세미나는 일본 초암草庵 다도의 개조라 할 수 있는 무라다
쥬코村田珠光(1423~1502)*의 다도에 관한 것이었다. 오늘도 많은 논의들이
오고갔다. 그때 쥬코가 제자 후루이치 초인古市澄胤(1452~1508)**에게 보낸

---

*　무로마치시대(室町時代) 중기의 다인이자 승려. 「와비차(わび茶)」의 창시자. 나라(奈良) 출생.
　　11세 때 나라의 정토종사원 칭명사(称名寺)에서 출가. 승명이 쥬코(珠光)이다. 20세 이전에
　　칭명사에서 나왔다. 그 이후 대덕사의 잇큐선사에게 참선을 배우고, 노아미에게 차관련 수업을
　　쌓고서 본격적인 다인으로서 활약했다. 그에게는 자식이 없어 흥복사(興福寺) 존교원(尊教院)
　　에서 일하는 아이였던 소쥬(宗珠)를 양자로 받아들였다. 만년에는 교토(京都) 산조(三条) 柳水
　　町에 옮겨 살다가 1502년 80세의 일기로 사망했다.
**　전국시대(戦国時代)의 승려이자 무장(武将) 야마토(大和国) 후루이치(古市郷)의 토호이다. 원
　　래 후루이치 일족들은 「임한다탕(淋汗茶湯)」이라는 다회를 즐겼다. 임한이란 여름에 목욕탕에
　　들어가는 것이다. 그러므로 목욕과 다탕이 합쳐진 것이다. 기록에 의하면 목욕 이외에 정원에
　　대나무와 소나무를 심고, 산과 폭포를 만들고 주위에는 꽃으로 장식하며 중국 그림, 향로,

서신의 내용이 소개되었다. 그 내용을 거칠게 번역하여 소개하면 다음과 같다.

이 길에서 가장 나쁜 것은 자만과 아집이다. 달인巧者을 시기하거나, 초심자初心者를 얕보는 것은 정말 좋지 않은 일이다. (본래) 달인에게는 다가가 칭찬하며 가르침을 구하고, 초심자는 도와서 정성껏 키워내는 것이다. 이 길에서 더욱 중요한 것은 화한和漢(일본과 중국)의 경계를 무너뜨리는 것이다. 이를 명심하고 주의를 해야 한다. 작금 "싸늘하게 메마르고枯淡閑寂"라 하여 초심자가 "비젠備前, 시가라키信楽 등을 소지하고 사람들에게 과시하는 것 등은 언어도단이다. "메마른다"라는 것은 좋은 도구를 가지고, 그 맛을 잘 알고 자랑할 것이 아니라, 높은 마음의 품격에 따라 사용하고, 그 후 모든 것을 부정하고 고답한적의 경지에 이르러서야 재미있다. 또 그렇다 하더라도 그것이 되지 않는 자는 "도구에 얽매이지 말라. 어떤 풍정風情이라도 어떤 장소라도 상관이 없다. 다만 자만과 아집은 나쁜 것이다. 그렇다 하더라도 자만이 없어서는 안 되는 길도 있다. 옛사람도 마음의 스승이 되더라도, 마음을 스승으로 삼지 말라."고 하였다.

특히 맨 마지막 문장인 "마음의 스승이 되더라도, 마음을 스승으로 삼지 말라."고 경고하는 내용이 인상 깊게 다가왔다. 왜냐하면 법정法頂 (1932~2010)스님이 내신 책 가운데 『마음에 따르지 말고 마음의 주인이 되어라』는 제목의 것도 있기 때문이었다. 이러한 것들을 감안할 때 혹시 이 문장이

음식이 담긴 찬합 등이 놓여 있었다. 손님은 100명 이상도 있었다 한다. 장식물 등을 감상하면서 차를 마시고 주연을 베푸는 것이었다.

마음의 주인

불교에서 나온 말이 아닐까 싶어 스님께 조심스럽게 "그러한 표현이 경전에
도 있는지요?"라고 여쭈었다.

그러자 스님은 잠시 생각하시더니 이러한 말이 있다고 하시면서 다음과
같은 문구를 쓰셨다.

2.

불해작객不解作客하고 노번주인勞煩主人이라

손님 노릇 할 줄 모르면서. 주인을 괴롭힌다는 뜻이라 하시면서, 이는
손님 노릇도 잘하여야 하고, 또한 주인 노릇도 잘 하여야 한다는 말이라고
하셨다. 이 말은 학명계종鶴鳴啓宗(1867~1929)스님*의 그림인 「달마절로도해
達磨折蘆渡海」에 적힌 문장의 일부분이었다는 사실을 알게 되었다. 원문은
다음과 같이 되어있었다. 그리고 해석 또한 다음과 같이 되어있었다.

不解作客   손님 노릇 할 줄 모르면서

* 스님은 순천 구암사에서 설두(雪竇) 스님을 은사로 출가, 득도했다. 불갑사, 벽송사, 선암사,
송광사 등에서 끊임없이 수도에 전념했고, 34세 되던 해에 구암사 금화 스님의 뒤를 이어
강사를 맡아 후학을 지도했다. 1914년 중국, 일본 사찰을 주유하며 그곳의 고승들과 선(禪)과
교(敎)를 논하고 조선불교의 위상을 떨치고 돌아와 내소사, 월명암 등에 주석하며 선풍을
크게 일으켰다. 만암 스님의 간곡한 부탁으로 내장사(현 벽련암)에 주석하며 사찰 정비에
노력하며 전국에서 찾아온 사부대중을 제접했다. 당시 노령(老齡)에도 불구하고 내장사 주변의
넓은 황무지를 개간하여 농작물을 직접 심고 가꾸었으니 '백농(白農)'이라 불리던 스님은 1929년
3월 27일 오후 2시 원적에 들었다.

勞煩主人　　　　주인을 괴롭히지 말라.
面無踵色　　　　얼굴에 부끄러운 빛이 없네
少喜多嗔　　　　적게 기뻐하고 많이 성내라.

이를 본 스님은 그 해석은 잘못되었다고 지적하시면서 그 중 「면무종색面無踵色」은 「면무참색面無慚色」으로 고치는 것이 맞고, 해석 또한 다음과 같이 하는 것이 옳다고 하셨다. 즉,

손님노릇도 모르면서
주인을 괴롭히네
얼굴에 부끄러운 빛도 없고
기쁨도 적고 화냄이 많다.

이렇게 수정하시더니 사람은 이 시의 내용과 반대로 살면 된다고 하셨다. 즉, 손님 역할에 대한 이해도 잘해야 하고, 주인도 괴롭히지 말아야 하며, 어떤 잘못이 있으면 부끄러워해야 하며, 기쁨이 크고, 화냄이 적어야 한다는 것이다.

나의 잘못된 한문 번역을 무마하시려는 듯이 한문은 해석이 어렵고 어렵다. 가령 『논어論語』에 "군자君子는 불기不器이라"는 말을 그대로 "군자는 그릇이 아니다."라고 직역하면 안 되며, 이 경우는 "군자는 그릇하지 않는다."라고 해석해야 옳다고 하시면서, 그것은 군자는 어떠한 것이든 그것을 담을 수 있는 그릇이 되어야 한다는 뜻이라고 하셨다. 이때 스님의 특유의 고전풍 음악이 휴대폰에서 흘러 나왔다. 이를 듣고 바깥으로 나가셨다.

巫峡之二 坡性

湖海金湜

수파리守破離와
도강사벌渡江捨筏

　　오늘 아침 일찍이 통도사에서는 「햇차 제다 및 헌공 의식」이 있었다. 많은 스님들이 염불원에 조성된 차밭에 모여 차를 따고 덖어서 부처님께 바치는 행사를 벌였다. 우리 회원들도 여기에 참석하였다. 그 일을 다 마치고 지친 모습으로 다락방에 모여 자연스럽게 다담이 시작되었다. 이때 스님이 들어오셨다. 그리고는 우리를 위로라도 하듯이 스님의 작업실로 우리를 안내하여 최근에 하신 작품들을 아낌없이 보여주셨다. 대부분이 이해하기 어려운 추상화이었으나, 옻칠로 그려진 그림의 색상이 그대로 드러나 미묘한 아름다움을 나타내고 있었다. 그리고는 다락방으로 들어오시어 우리들과 함께 느긋하게 차를 드셨다.

　　이때 불쑥 내가 스님께 물었다. "다도 또한 아름다움을 추구하는 행위로 본다면 그림으로 미를 추구하는 예술과 크게 다를 바 없다는 생각이 드는데,

차를 어떻게 하면 좋을까요?"라고 했다. 그러자 스님은 잠시 생각에 잠기시더니 즉답 대신 다음과 같은 구절을 노트에 적어셨다.

生而後熟　　　생에서 시작하여 숙해져야 하며,
熟而復生　　　숙한 연후에 다시 생으로 태어나야 한다.

이 말은 명나라 말기 탕임초湯臨初가 쓴 「서지書旨」에 나오는 그 원문을 소개하면 다음과 같다.

서예는 반드시 먼저 생生을 하고 나중에 숙熟을 해야 하며, 또한 숙을 한 다음에는 반드시 생을 하여야 한다. 시작할 때의 생은 배우고 익힘이 일정 경지에 이르지 못한 것이니 마음과 손이 서로 들어맞지 않는다. 숙에 이른 다음 생으로 들어서는 것은 다시 초보의 단계로 떨어지거나 세속을 따르는 것이 아니라, 의외의 새로움을 드러내는 것이자 붓끝에 자연스레 형성된 공교함을 담는 것이다. 따라서 숙은 평범하거나 비루한 것이 아니고, 생은 화려한 치장이 아니다. …〈생략〉… 이 때문에 생으로부터 숙으로 들어가기는 쉽지만, 숙에서 다시 생으로 이르는 것은 몹시 어렵다.
書必先生而後熟, 亦必先熟而後生. 始之生者, 學力未到, 心手相違也. 熟而生者, 不落蹊徑, 不隨世俗, 新意時出, 筆底具化工也. 故熟非庸俗, 生不雕疏. …〈생략〉… 故由生入熟易, 由熟得生難.

이러한 내용에서 보듯이 중국의 탕임초는 서예를 익힘에 있어서 먼저 미숙함에서 시작하여 익숙해지고, 그리고 완전히 익숙해진 연후에는 기교를

수파리守破離와 도강사벌渡江捨筏

망각하는 경지로 다시 태어나야 한다는 뜻으로 말한 것이다. 그런데 스님은 탕임초와는 조금 다르게 바라보셨다. 즉, 생(아이, 미숙함)에서 시작하여 완전히 숙한 다음, 다시 아이로 태어나야 한다고 하시며, 다시 태어난 생(아이)란 앞의 생과 달라야 한다는 것이다. 이것이 매우 중요하다고 강조하셨다.

그렇게 다시 태어난 생의 단계를 소동파蘇東坡(1037~1101)*는 "어느 순간 절정에 이르면, 외려 밋밋하고 풋풋해 보인다. 그러나 기실 그 자리는 단순함을 넘어선 현란함의 극점이다漸老漸熟, 乃造平淡, 實非平淡, 絢爛之極也."(『東坡集』)이라 하였고, 청나라 서예가 유희재劉熙載(1813~1881)는 "솜씨를 부리지 않아 자연스러운 것은 솜씨의 지극한 경지이다不工者, 工之極也."고 표현했다(『藝槪 · 書槪』).

이 말을 들은 나는 조심스럽게 스님에게 물었다. "일본에서 예능을 익힐 때 흔히「수守, 파破, 리離」라는 말이 있습니다. 이는 먼저 수행자가 스승의 가르침을 철저히 지켜守 배운 후에 그것을 깨어버리고破 자기 세계를 연 다음, 그것을 떠나 버리는 경지에 이르는 것을 말합니다. 그것과 같은 것인지요?"라고 했다.

이 말을 들은 스님은 "그렇다. 이것과 같다. 다만 중요한 것은 떠남離이란 속된 말로 완전 떠난 것이 아니며, 이곳에 있으면서도 떠나 있고, 떠나 있으면서도 이곳에 머물고 있어야 한다는 것을 뜻한다."고 하셨다. 그러면서

---

*   중국 북송 시대의 시인이자 문장가, 학자, 정치가. 자(字)는 자첨(子瞻), 호는 동파거사(東坡居士). 스스로를 동파거사라고 칭했고 흔히 소동파(蘇東坡)라고 부른다. 현 사천성 미산(眉山)현 출생. 시(詩), 사(詞), 부(賦), 산문(散文) 등 모두에 능했다. 그의 부친은 당송팔대가(唐宋八大家)의 한 사람인 소순(蘇洵)이었고, 그 아우도 소철(蘇轍)로 유명한 문인이다. 이 세 부자를 사람들은 삼소(三蘇)라고 불렀는데, 모두 당송팔대가로 손꼽혔다.

수파리守破離와 도강사별渡江捨筏

위의 글 맨 뒤에 나오는 생生도 앞의 생과 달라야 하며, 어디에도 얽매임이 없는 생이어야 한다고 다시 한번 강조하시었다. 쉽게 말하자면 아이에서 시작하여 모든 노력과 수행으로 자기 세계를 구축하지만, 그것을 구축한 연후에는 다시 아이로 태어나야 한다는 것이다. 다만 이때 아이는 어디에도 구속되지 않은 완전 자유인을 의미한다. 이 경지에 이르렀을 때 천진난만한 자유자재의 존재가 되는 것이라고 설명하시었다.

　　바로 이때 한 회원이 "「수파리守破離」가 무엇인지요?"라고 하며 대화에 불쑥 끼어들었다. 그러자 스님은 다시 그것에 대해 다음과 같이 자세히 설명하시었다. 즉, 어떠한 도를 배울 때 「수파리」라는 말이 있다. 이 말은 주로 옛날 그림을 그릴 때 많이 사용하던 말로 제자는 스승의 가르침을 지켜 열심히 배워서 자신의 것을 이룩한 다음 모든 것을 내려놓아야 한다는 뜻이다. 그 말에서 보듯이 스승은 길을 가르쳐주는 사람이지, 나를 따라오라고 하는 사람이 아니다. 스승은 길을 아는 사람이기에 그것을 가르쳐 주면 제자는 그 길을 가면 되는 것이지, 스승이 하는 것을 그대로 따라하면 안 된다. 비록 자신이 가는 길이 스승의 것과 반대가 될지라도 자신의 목적지를 향해 길을 가야한다고 힘주어 말씀하시었다.

　　그러자 또 한 회원이 "그렇다면 그 말씀은 『금강경金剛經』에 강을 건넜으면 뗏목을 버려야지 머리에 이고 갈 수는 없다고 비유하는 것과 같은 것입니까?"라고 하자 스님은 "그렇다. 그것을 「도강사벌渡江捨筏」이라 한다. 강을 건넌 후에는 띠배를 버려야지, 그것을 가지고 갈 수는 없다. 띠배는 강을 건널 때만 필요하지 건넌 후에는 버리듯이 그것에서 벗어나야 한다. 다시 말해 사람이 목적지가 있다면 그곳에 다다르기 위해서는 배를 타는 등 여러 수단을 이용하지만, 강을 건넌 후에는 그것을 놓아야 하는 것이다. 앞에서 말한 「수파리」란 것도 바로 이러한 뜻이다. 『금강경』도 한마디로 요약하면 「도강사벌」로 정리할 수 있다. 『금강경』을 공부하는 것은 진리를 깨닫다라는 뜻이다. 그러므로 그것을 통해 깨달았으면 그것에서 벗어나야지 그것에 집착하여 벗어나지 못하면 안 되는 것이라고 설명하셨다. 이처럼 오늘도 스님의 명법문이 펼쳐졌다.

　이러한 스님의 말씀을 듣고 모두가 생각에 잠기어 갑자기 침묵의 시간이 흘렀다. 그러자 스님은 분위기를 전환시키려는 듯이 다음과 같은 글귀를 노트에 적어셨다.

　　大丈夫當容人　無爲人所容
　　대장부는 마땅히 다른 사람을 용서할지언정, 다른 사람이 용서받는 짓을 해서는
　　안 된다.

　이 말은 『경행록景行錄』에 나오는 말로 우리나라에서는 『명심보감明心寶鑑』의 「정기편正己篇」에 나와 널리 알려져 있는 말이기도 하다. 스님이 「수파리」에서 시작하여 「생숙생」을 거쳐 「도강사벌」로 마무리 지으시면서 이 말을 불쑥 적으신 것은 단순히 남의 허물을 용서해주는 대장부의 포용을 강조하기 위해 적은 것이 아니라는 생각이 든다. 나는 그 속에 감추어진 속뜻은 남을 용서할지 말지, 그리고 용서받을 짓을 할지 말지를 자신이 결정해야지 남이 결정케 해서는 안 된다는 의미로서 받아들여졌다. 즉, 자신의 인생은 자신이 결정하는 것이다. 그것이 주인 노릇하는 것이라 생각했다. 이렇게 그 말을 음미하는 동안 스님은 서울에서 손님이 왔다고 하시면서 미련 없이 연구실 문을 열고 밖으로 나가셨다.

성파의
일본다도론

1. 잇큐一休와 쥬코珠光의 일화

스님과 차를 마시다가 내가 일본 초암다도의 시조라 할 수 있는 무라다 쥬코村田珠光(1423~1502)가 대덕사 승려 잇큐 소쥰一休宗純(1394~1481)* 선사의 밑에서 참선수행을 하고 있었을 때 일화를 소개했다. 내용은 다음과

---

* 일본 임제종 대덕사(大德寺)의 선승. 교토 출신. 가소 소돈(華叟宗曇, 1352~1428)의 제자. 1474년 대덕사의 주지가 되어 応仁の乱(1467~77)으로 황폐해진 절을 재건하다. 그의 언동은 기발, 풍광(風狂)으로 알려져 있다. 또 명리(名利)로 흐르는 선(禅)을 배척하고, 탈속풍류(脱俗風流)로 간소한 생활을 지향하며, 스스로 임제선의 정통을 잇는 자라고 자임하고, 형식적인 계율 보다 견성오도(見性悟道)를 제일 목표에 두었다. 그의 문언(文言) 그야말로 거칠고 노골적인 것이 많았으나, 선의 민중화에 커다란 공적을 남겼다. 저술로는 『自戒集』, 『一休和尚仮名法語』, 『狂雲集』 등이 있다.

같았다.

> 잇큐선사는 시동에게 점다를 시켜 쥬코 앞에 놓았다. 쥬코가 그 찻사발을 들고 마시려는 순간 잇큐는 큰 소리를 치더니 쇠로 만든 여의如意로 다완을 깨뜨리고 말았다. 이에 쥬코는 조금도 놀라는 기색 없이 다만 예를 올릴 뿐이었다. 잇큐는 또 다시 쥬코에게 추궁을 했다. "끽다하여 맛이 없을 때 어떻게 하겠느냐?" 하자, 쥬코는 묵묵히 일어나 현관으로 가려고 했다. 그때 또 다시 잇큐는 "차를 마시고 나갈 때 어떻게 하겠느냐?"고 또 다시 추궁하자, 이때도 쥬코는 슬며시 웃으며 "버들은 푸르고, 꽃은 붉으니, 이것이 본래의 모습입니다柳綠花紅真面目." 라고 대답했다. 그 말을 들은 잇규는 "이제 되었다." 하며 쥬코의 선적 경지를 인정했다는 것이다.

이 이야기는 일본의 불교학자 기노 카즈요시紀野一義(1922~2013)가 쓴 『명승열전名僧列伝』(1권)에 나오는 이야기이다. 쥬코가 "버들은 푸르고, 꽃은 붉으니, 이것이 본래의 모습이다."라고 한 것은 생명의 본질적인 존귀함, 아름다움, 또는 진리를 나타내는 말이다. 그런데 이 시는 소동파蘇東坡(1037~1101)의 『동파선희집東坡禅喜集』에 나오는 시문구이다.

이 싯구를 들으시고 스님은 그 구절 앞에 이러한 글귀가 있다고 하시면서 다음과 같은 시를 거침없이 쓰셨다.

> 山窮水盡疑無路　산이 막히고 물이 다하여 길이 없을 줄 알았더니
> 柳暗花明又一村　버들 그윽하고 또 한 마을이 있네

日人暮清閑　性疎友田翁書

진리로 가는 길에서 산이 막히고 물이 다하여 없는 줄 알았는데, 버들이 그윽한 가운데 한 마을이 보이는데, 그곳이 목적지이자 진리를 의미한다고 설명하셨다.

이 말을 들은 내가 "그럼 그것은 일본 다실에 딸려 있는 로지와도 같은 것입니까?" 하고 묻자, 스님은 "그렇다." 하셨다. 여기서 로지란 일본 다실에 딸려있는 정원 즉, 다정茶庭을 말한다. 스님은 어느덧 불교의 관점에서 일본의 로지를 바라보고 있는 것이다. 스님은 일본의 로지露地에 깔려있는 모래와 자갈은 고해苦海이며, 그곳을 건너면 피안이다. 다실은 그곳을 건너서 가야 하는 목적지이자 진리의 세계(본체)라 말씀했다.

또 내가 물었다. "어찌하여 그러한 곳을 로지라 하는지요?"라고 하자, 로지는 말 그대로 아무 것도 없는 땅, 그래서 가릴 곳도 그늘도 없는 그냥 맨 땅이다. 스님은 불교에 '로지백우露地白牛'라는 말이 있다. 그때 로지는 문 밖에 있는 빈 땅을 말하는 것으로 다른 말로 표현하면 그곳은 평안하고 무사한 장소이다. 그에 비해 백우는 청정한 소라는 뜻이다. 이를 다시 다르게 표현하면 로지에 들어서면 완전히 마음을 비우라는 뜻이다. 그러한 곳에 어느 하나도 숨길 수 없는데, 하물며 흰 소를 숨길 수 있겠는가? 그것을 숨겨야 하는 것도 하나의 진리이나, 여하튼 그곳은 「밝기는 역력하고 드러남은 당당한 곳明歷歷 露當當」, 즉, 그림자 하나 없고, 티끌 하나도 있을 수 없는 깨끗한 땅, 백지 중 백지라고 설명하셨다. 조금이라도 번뇌망상이 붙어있으면 안 되는 곳이다. 완전히 비워야 다른 것이 들어온다.

이때 말하는 다른 것은 곧 부처이자 깨달음이다. 마음에 엉뚱한 것들이 가득 차있으면 부처가 들어올 수가 없다. 그 곳에는 깨달음이 있고, 부처가 있는 자리에 내가 가면 부처가 되는 자리이다. 그곳에 가기 위해서는 완전히 마음을 비우는 것을 말한다. 그것을 다르게 표현하면 적나라赤裸裸 즉, 실오라기 하나 걸치지 않는 상태라 한다. 처음에는 주객이 분리되어있지만, 나중에는 주객이 하나가 되어버리는 것이 일본 다도라고 생각한다고 말씀하셨다. 스님의 말씀은 계속되었다.

이러한 관점에서 바라보면 일본정원 로지에 있는 사물도 재미가 있다. 허리를 구부리고 손과 입을 씻는 쓰쿠바이蹲踞* 그리고 머리를 숙여 안으로 들어가는 니지리구치躙口**는 불교에서 본다면 하심下心을 나타내기도 하지만, 자신의 마음을 비우는 과정을 행동으로 나타내는 상징물과도 같다. 즉, 쓰쿠바이에서 물로 손과 입을 씻는 것은 세속에 찌든 마음을 씻어내는 것과 같고, 몸을 움츠리고 머리를 숙여 들어가는 니지리구치는 세속의 자신을 버리고 새로운 진리의 세계로 들어가는 것과 같은 것으로 보인다.

이러한 장치가 일본에만 있는 것이 아니다. 우리에게도 있었다. 통도사의 입장에서 본다면 잠방골暫放谷과 같은 것이다. 경주에서 통도사 오는 길에 현재 지산리에 잠방골이라는 곳이 있었다. 그곳은 옛날 통도사 오기전에 부처님께 올리는 향과 차와 초 등을 준비하는 곳이었다. 그러나 스님은

---

* 이것은 일본 다실에 들어가기 전에 정원에 설치해놓은 일종의 세면대와 같은 도구이다. 대개 돌로 만들어지며, 다도에 참가하는 참가자들은 그곳에서 손을 씻고, 입을 행구는 의식절차를 행한다.

** 이것은 다실에 들어가는 작은 출입문이다. 그 특징은 크기에 있는데, 대략 가로 60㎝, 세로 60㎝ 정도이다. 이러한 크기이므로 안으로 들어가기 위해서는 몸을 움츠리고 고개를 낮추어 기어 들어가듯이 하지 않을 수 없다. 그 의미에 대해서도 다양한 설이 제시되어있는데, 혹자는 다실에 들어가면 누구나가 다 속세 신분의 높고 낮음을 떠나 동등한 자격으로 만나야 한다는 상징적인 의미로 작게 만든 것이고 하는 자가 있는가 하면, 또 혹자는 그것은 어머니의 자궁을 상징하는 것이며, 다실에서는 모두가 인간 본연의 모습으로 돌아가 겸허한 마음으로 차를 마셔야 한다는 것을 나타낸다고 설명하는 사람들도 있다.

성파의 일본다도론

잠방이라는 말에서 보듯이 속세의 번뇌를 잠시 내려놓아라. 모두 벗고 들어오라는 뜻이며, 이를 다르게 표현하면 육근六根*을 청정히 하는 곳이라 할 수 있다고 풀이하셨다. 그리고는 이것은 일본에서 로지와 같은 역할을 한다고 하셨다. 잠방골을 지나 진리의 세계 통도사로 가듯이 로지를 거쳐 진리의 세계로 다실에 다다르는 것이다. 이러한 의미에서 잠방골과 일본의 로지는 같은 의미와 역할을 한다고 할 수 있다. 이같이 본다면 일본 정원의 모래와 자갈은 고해이며, 징검돌은 그것을 건너는 고해의 표현이다. 이같은 곳을 건너야 피안의 세계인 다실에 이르는 것이라고 설명하셨다. 이러한 관점에서 일본 다도를 보면 이해가 빠르다고 강조하셨다. 그리고는 "한국은 자연을 정원으로 삼는다. 자연에 집을 지으면 된다. 인위적으로 꾸밀 이유가 없다."고 하시면서 굳이 우리가 일본과 같은 다실과 정원(로지)을 만들 필요가 없다고 하셨다. 이같이 스님의 일본다도론이 무르익어 갈 무렵 아쉽게도 칠보화보살로부터 저녁공양 시간의 연락이 있었다. 그러자 스님은 미련 없이 일어서서 공양하러 내려가셨지만, 남아있는 우리들에게는 아쉬움이 잔뜩 남겨놓은 채 오늘 스님의 다담은 여기서 끝이 났다.

---

*   육경(六境)을 인식 판단하기 위한 능력이 있는 기관. 곧, 안(眼) · 이(耳) · 비(鼻) · 설(舌) · 신(身)의 오관(五官)과 의근(意根).

·
·

난토 소세이南都宗栖의
만두의 의미

·

1.

오늘 차문화대학원의 일본 차문화 수업은 다케노 조오武野紹鷗(1502~
1555)의 학문적 배경이 주제였다. 그는 당시 일본 최고의 문화인이었던 산죠
니시 사네다카三条西実隆(1455~1537)*에게 가론歌論을 익혔고, 남종사南宗寺

---

*　무로마치시대(室町時代) 후기부터 전국시대(戦国時代)에 걸쳐 활동한 귀족, 내대신(内大臣),
　시인이자 문학가. 飯尾宗祇로부터 古今伝授를 배웠고, 『源氏物語』『伊勢物語』등의 고전연구에
　권위가 있었다. 또 당대 최고의 서예가이기도 했다. 지방 봉건영주들의 요구에 따라 휘호를
　많이 썼다. 그의 글은 그의 제자이자 다인 武野紹鴎의 지원과 함께 가난한 그의 생활을
　지탱하는 수입원이었다. 저서로는 『詠歌大概抄』, 『源氏物語細流抄』, 有職에 관한 것으로는 『装
　束抄』 일기로는 『実隆公記』 가집(歌集)으로는 『雪玉集』 『聴雪集』, 노래일기(歌日記)로는 『再昌
　草』 등이 있다.

의 다이린 소토大林宗套(1480~1568)*에게 참선을 배웠으며, 그리고 초암 다도의 시조인 무라다 쥬코村田珠光(1422~1502)의 제자들로 부터 다도를 배워 일본 다도 역사에 커다란 족적을 남긴 다인이었다.

그러한 그가 또 한 명의 스승이 있었다. 바로 그가 나라奈良에 사는 난토 소세이南都窓栖(=宗栖)**이었다. 소세이는 가난하게 살면서도 그것을 전혀 부끄러워하지 않았다. 그도 다인이었다. 그러한 그를 조오가 찾아가기로 약속했다. 그리하여 소세이는 조오의 방문을 즐거운 마음으로 기다리며, 그와 함께 나누어 먹기 위해 커다란 만두 두 개를 사가지고 집으로 돌아와 준비하고 있었다. 그런데 예상 밖으로 조오는 자신의 시자와 함께 방문했다.

이에 소세이는 조금도 마음이 흔들리지 않고, 두 개의 만두를 나무 쟁반에 담아 가지고 와 일단 손님 앞에 놓더니, 곧 자신의 앞으로 당기더니 하나를 집어 얼른 입에 넣고 우물우물 먹어 치웠다. 그리고는 나머지 하나를 두 쪽으로 잘라 손님에게 내밀며 "어서 드시지요."라고 권하는 것이었다. 그리하여 할 수 없이 조오와 시자는 쟁반에 남겨진 두개로 잘린 조각을 나누어 먹었다.

조오는 어느 누구의 시선도 신경 쓰지 않고 만두를 먹어 치우는 소세이의 자연스러운 동작을 보고 미혹에서 벗어나 진리를 깨달은 자라는 느낌을

---

* 일본 임제종 승려, 다인. 대덕사의 90세손. 교토 출신. 後奈良天皇로부터 仏印円証禅師, 正親町天皇으로부터 正覚普通国師로 임명받다. 三好長慶의 의뢰로 堺에 三好氏의 원찰인 南宗寺를 개산했다. 그의 제자로는 武野紹鴎, 北向道陳, 千利休, 津田宗及 등 기라성같은 다인들이 있다.

** 다케노 조오의 차숫가락을 만든 장인. 그가 남긴 「고가의 도구를 다사에 사용하는 것은 차의 정신에서 어긋난다(高価な道具を茶事に使用することは、茶の心に叶わぬ)」라는 말에서 보듯이 그 또한 다케노 조오와 같이 철저한 와비차(侘び茶)의 정신을 실천한 다인이었다.

난토 소세이南都宗栖의 만두의 의미

받았다. 그것이 바로 와비를 미로 추구하는 다도라고 깨닫고 그를 존경하는 마음을 가졌다. 그날 소세이와 조오의 두 사람은 시간을 잊고 차를 마시며 즐거운 시간을 보냈다. 그 후 조오는 소세이를 마음의 스승이라 여겼고, 같은 모기장 속에서 함께 잠을 자고, 자기 집에 초청하는 등 친교를 가졌다.

이러한 일화를 소개하면서 나는 회원들에게 "만약 여러분이 소세이라면 어떻게 하겠느냐?" 하며 이야기를 이끌어갔다. 여기에 대해 여러 가지 재미 있는 의견들이 쏟아져 나왔다. 그때 한 회원이 불쑥 스님에게 "스님이라면 어떻게 하시겠습니까?"라고 물었다.

2.

여기에 스님은 잠시 숨을 고르시더니 그 질문과 전혀 관계없는 일본의 옻칠 이야기를 끄집어내셨다.

일본은 서양사람들에게 옻칠 공예의 나라라는 이미지가 있었다. 그만큼 일본은 옻칠 공예가 발달한 나라이다. 얼마나 발달했는가 하면 중국이 도자 기를 의미하는 「차이나」라고 불리듯이 서양인들이 일본을 「재팬」이라고 불렀 던 「자펜JAPAN」은 바로 옻칠을 의미하는 말이라는 것에서도 알 수 있다. 일본에는 임란 이전까지는 도자기가 발달하지 못했다. 일본의 환경은 해양 성 기후인데다가 겨울에도 그다지 춥지 않고 또 겨울에는 눈이 많이 오고, 여름에는 비가 많이 오기 때문에 습기가 많아 나무가 잘 자라는 토양을 가지고 있다. 그러한 환경에서 그들은 그릇을 나무로 만들어 사용했다. 목욕탕, 물통, 식기 등 모든 것에 목기를 사용했다. 그런데 나무가 제일

취약한 것이 섞는다는 데 있다. 이 점을 보완하기 위해 개발된 것이 다름 아닌 옻칠이다. 그러나 옻이 귀중한 것이었기에 서민들은 제대로 누리지 못하였으나, 사원, 황실 및 귀족층에서는 옻칠 그릇이 사용되었다.

그것과 관련하여 내가 특별히 주목하고 있는 곳은 네고로지根來寺라는 절이다. 그것과 관련하여 우리의 구산선문 가운데 한곳인 실상사實相寺가 있는데, 그곳은 남원 옻칠의 원류라고 불리는 곳이다. 옛날 노승들의 말에 의하면 어떤 사건이 있었는지 알 수 없으나 이곳 승려들이 모두 일본으로 건너갔다는 이야기가 있다. 그것이 사실이라면 그들이 일본이 옻칠문화를 꽃피우는 데 큰 공헌을 하였을 것으로 추정하고 있다.

네고로지는 일본에서도 독특한 옻칠기술을 가지고 있는 곳으로 유명하다. 그들이 가지고 있는 기법은 옻칠을 여러 번 반복하여 사포로 갈아내어 속의 것을 드러내게 하는 데 특징이 있다. 일반적인 표면 처리하는 것이 끝을 맺는다. 그러나 이들은 그렇게 하지 않는 것이다. 아마도 네고로지라는 사찰의 이름도 그것과 관련이 있다고 생각한다. 즉, '네根'는 뿌리, '고로來'는 드러내다는 뜻으로 「고행을 거쳐 근본을 드러내는 것」을 의미하는 것으로 보인다.

네고로지의 옻칠 기법을 우리는 변칠變漆이라 한다. 이러한 기법은 승려들의 수행의 하나였다. 겉에 묻어있는 것이 번뇌, 망상, 때, 구름이라면, 속에 들어가 있는 것이 지혜, 마음이다. 겉에 묻어있는 번뇌 망상을 갈고 닦아서 털어내고 본질을 드러나게 하는 것이 수행이다. 이러한 것을 상징적으로 표현한 기법이 바로 네고로지의 옻칠기법인 것이다. 여기까지 말씀을 하시고는 본래의 화제인 소세이의 만두로 이야기를 가지고 가셨다.

일본 와비 다인 소세이가 조오를 맞이하여 만두를 반쪽으로 갈라 내민

난토 소세이南都宗栖의 만두의 의미

것은 자신의 속을 드러낸 것이다. 가식으로 둘러싸인 겉 부분을 잘라 속을 보여줌으로써 자신의 참된 마음을 보여준 것이라 생각한다. 다인은 손님을 맞이할 때 그러한 마음이어야 한다. 그것을 꿰뚫어본 조오는 그의 자연스러운 동작에 감탄했고, 그것으로 인해 두 사람은 서로 친구이자 스승이 되어 오랫동안 친교를 가질 수가 있었다고 해석이 된다. 이러한 말씀을 듣고 모두들 소세이가 자른 만두의 의미가 더욱 명확하여진다고 감탄해 마지않았다.

일본다실에 걸려진
족자

오늘은 「차문화 연구회」의 발표와 토론의 주제는 「일본 다실」이었다. 손님으로서 일본 다회에 참석할 때 어떤 자세로 또 어떻게 행동해야 하는지에 대해 자세한 내용들이 소개되었다. 그런데 발표 도중 약간의 해프닝이 벌어졌다. 발표자가 소개한 다실의 족자는 두 개였는데, 두 개 모두 초서체로 되어 있어서 우리로서는 도저히 읽을 수가 없었다. 그리하여 그 뜻이 무엇인지 청중석에서 질문이 나왔는데, 그것에 대해 발표자는 대답을 하지 못해 당황하고 있었다. 이를 지켜본 스님은 안타까웠는지 두 개의 족자 글씨를 다음과 같이 읽어가셨다.

하나는 「농화향만의弄花香滿衣」이고, 또 다른 하나는 「청풍생팔극淸風生八極」이라는 것이다. 그러시면서 여기에는 다시 댓구가 있는데, 앞의 것은 「국수월부수掬水月浮手」라는 싯구가 앞에 와야 하고, 뒤의 것은 「노호출남산老

虎出南山」이라는 싯구가 문장의 뒤에 나와야 한다고 하셨다.

　이러한 스님의 해석을 듣고 우리들은 깜짝 놀라 그 시를 찾아보았더니 스님의 말씀이 한 치도 틀림이 없었다.

　첫째의 것은 중국 당나라 시인 우량사于良史의 「춘산야월春山夜月」에서 나오는 것으로, 그 원문을 소개하면 다음과 같다.

春山多勝事	봄 산에 좋은 일 많아
賞玩夜忘歸	완상하느라 돌아갈 줄 몰랐네
掬水月在手	물을 움켜쥐니 손안에 달이 가득하고
弄花香滿衣	꽃을 희롱하니 향기가 옷에 가득하네
興來無遠近	흥이 일어 이 곳 저 곳 쏘다니다
欲去惜芳菲	돌아가려니 꽃향기 아쉬워라
南望鳴鐘處	남쪽 종소리 나는 곳 바라보니
樓臺深翠微	누대는 아스라이 푸른 산 빛에 잠겼으라

　이 시를 쓴 우량사는 생몰 연대가 확실치 않다. 다만 당나라 현종玄宗 (685~762)·대종代宗(726~779)·덕종德宗(742~805) 때 활동하였던 시인이며, 관직은 시어사侍御史을 지낸 것으로 알려져 있다. 또 시를 잘 지어 자못 높은 명예를 얻었던 것으로 알려져 있지만, 전하는 작품은 『전당시全唐詩』에 실린 7수뿐이다.

　위의 내용에서 보듯이 봄날 산 속에서 아름다운 경치에 흠뻑 취한 시인의 감정이 섬세하게 드러나 있다. 특히 「물을 움켜쥐니 손안에 달이 가득하고, 꽃을 희롱하니 향기가 옷에 가득하네掬水月在手 弄花香滿衣」라는 구절은 중국 남송 때의 선서禪書『허당록虛堂錄』에도 인용되어 있는데, 불교에서「심경일여心境一如」또는「물아일체物我一體」의 경지를 설명할 때 같은 뜻으로 자주 인용되는 말이기도 하다. 아마도 다실에서 그 글귀의 족자를 건 것은 바로 이러한 뜻일 것으로 추정된다.

둘째의 것은 일본에서는『선림구집禪林句集』(1권)에 나오는 오언대구五言對句이다. 그것이 다음과 같은 문장인 것이다.

清風生八極　　청풍이 팔방에서 부니
老虎出南山　　늙은 호랑이가 남산에서 나온다.

여기서「팔극八極」이란 팔방의 끝을 나타낸다. 즉, '여기저기서'라는 뜻이기 때문에 청풍이 천지에 가득 불어오니, 노련한 호랑이가 남산에서 나타난다는 뜻을 가진 문장이다. 즉,「청풍이 팔방에서 부니清風生八極」라는 뜻을 가진 글씨의 족자를 다실에 건 것은 그 안에서 펼쳐지는 다인을 노련하고 위풍당당한 호랑이에 비유한 것이다. 다시 말해 그만큼 높은 경지에 달한 고수라는 뜻이다.

이러한 싯구를 그침 없이 해석하신 스님의 한문지식에 대해 놀랍기도 하고, 그 끝이 어디인가 궁금증이 더해갈 즈음 바깥에서 웅성거리는 소리가 들려 나가보았더니, 스님에게 찾아온 방문객들이었다. 또 다시 스님은 아쉬움을 남긴 채 바깥으로 나가 손님들을 맞이하셨다.

리큐利休라는
이름의 의미

1. 리큐利休의 불조佛祖를 죽인다는 말

오늘 연구회에서는 내가 「센리큐千利休 할복의 사실과 전승」이라는 제목으로 발표를 했다. 그때 나는 센리큐*가 마지막으로 남긴 게송을 소개했다.

---

* 일본다도의 와비차(わび茶=草庵茶) 완성자. 다성(茶聖)으로도 일컬어짐. 화경청적(和敬淸寂)의 정신을 강조하여 차를 마시는 단순한 행위를 도의 수준까지 끌어올렸다. 오사카 사카이출신. 본명은 '요시로'였다. 58세 때 오다 노부나가(織田信長)의 다도 스승이 되었으며 그가죽은 이후에는 도요토미 히데요시(豊臣秀吉)의 다도 선생이 되었다. 그는 특히 히데요시의총애를 받았으며 그를 위해 크고 작은 다도회를 열었다. 하지만 이후 히데요시에게 고언을하다 미움을 사게 되어 사형을 명받아 1591년 2월 28일, 주라쿠다이에서 할복하였다. 그의죽음 이후에도 일본다도는 17세기를 거쳐 자손들과 제자들에 의해 계승되며 귀족층과 일본중산계급에도 널리 보급되었다.

그 내용은 거칠지만 번역하여 소개하면 다음과 같다.

人生七十　力囲希咄　　　인생 칠십, 에잇!
吾這寶劍　祖佛共殺　　　나의 보검으로 조불祖佛을 모두 죽여라
堤る我得具足の一太刀　　나의 구족인 한 칼을 손에 들어
今此時ぞ天に抛人生七　　지금 이때 하늘에 (몸을) 던진다

이 시가 공교롭게도 13세기 중국의 선승禪僧 「한리휴韓利休」의 유게遺偈
와 상당 부분이 겹친다. 한리휴는 다음과 같이 노래를 불렀다.

人生七十力囲希　　　나의 인생 70년 에잇!
肉痩骨枯気未微　　　살은 야위어 뼈만 앙상하고 기력은 미약하다
這裡咄提王宝剣　　　여기에 왕의 보검을 들어
露呈仏祖共殺機　　　드러난 부처도 조사도 모두 죽여버리리라

이상의 두 사람은 서로 닮은 점이 많다. 리휴라는 이름도 같고, 또
나의 인생 70이라는 말과 보검으로 부처와 조사들을 죽인다는 표현도 같다.
그리하여 혹자는 리큐의 마지막 게송이 과연 리큐가 지은 것일까 의심하기도
한다. 그러나 이것이 리큐가 지은 것이라면 그것에 대한 의문점이 꼬리에
꼬리를 물고 생기기 시작한다.

그 중에서 무엇보다 중요한 의문은 왜 이들은 이름을 공통적으로 리휴
利休라 하였으며, 또 승려의 신분에 있는 두 사람이 부처와 조사들을 죽인다
는 말은 도대체 어떤 의미를 지니고 있는 것일까? 여기에는 필시 큰 뜻이

　　　　　　　　　　　　　　　　　　이휴利休라는 이름의 의미

숨겨져 있을 것이라고 생각했다. 여기에 대해 스님의 의견을 물었다. 그러자 스님은 기다렸다는 식으로 나의 물음에 대해 다음과 같이 아주 알기 쉽게 설명하셨다.

2.

여기서 굳이 두 사람을 비교하여 일본의 리큐가 중국의 리휴를 모방하지 않았을까 하는 식의 영향관계를 규명하는 일은 그다지 중요하지 않다. 이러한 것을 불교적 해석으로 한다면 다음과 같이 정리할 수 있다.

첫째 부처와 조사를 죽이겠다는 표현이다. 선가에서는 「선사禪師의 칼」이라는 말이 있다. 소인은 힘을 쓰지만, 대인은 지혜를 쓴다. 장수가 용천검龍泉劍을 한번 휘두르면 천군만마가 쓰러지듯이 그와 같은 칼을 가지기 위해 선승들은 선방禪房에서 10년, 20년 수행하는 마음의 칼을 가는 것이다. 그러한 뜻에서 사찰에는 「심검당心劍堂」이라는 건물이 있다. 마음의 칼을 가지는 곳이라는 뜻이다. 그 칼은 한칼에 대도大道를 깨치는 칼이다. 「일도양단一刀兩斷」이라는 말이 있다. 참선할 때 번뇌망상이 실오라기처럼 천갈래 만갈래로 엉켜있는데 이것이 풀리지 않는다. 그것을 「하나를 끊으면 모두가 끊어진다一斬一握絲」는 말이 있듯이 한칼에 실을 잘라버린다. 이것이 선사의 칼이다. 이때는 주와 객이 따로 없다. 여기에는 한 치의 의심이 없는 것이다. 바로 이러한 점을 리큐가 「불살조」라 표현한 것이라 생각한다. 그가 말한 「불살조」란 겉으로 드러난 의미는 부처와 조사를 죽인다는 것이지만, 사실은 그러한 뜻이 아니다. 그것은 그들(불조)의 말만 믿고 복종하는 것이 아니라 자기 자신도 그와 같은 지위가 되어야 한다는 뜻이다. 다시 말해 추종자의 수준에서 머물러서는 안 되며, 자신도 그 위치까지 가야 된다는 것을 강조한 것이다.

둘째 그들의 이름 리휴利休이다. 리휴利休의 '휴休'란 쉴 '휴休'이다. 쉰다는 것은 들끓는 것, 이를 다르게 표현하면 태풍이 불고, 파도가 치는 상태, 또 물이 죽 끓듯이 부글부글 끓는 상태, 또 질투, 시기 등으로 인해 온갖 번뇌 망상이 생겨 뒤죽박죽이 된 상태가 전제되어야 한다. 일본 다도의 이념인 「화경청적和敬靜寂」에서 '화和'란 화합을 의미한다. 그것은 화가 되어야지, 화가 되지 않으면 번뇌 망상이 뒤끓게 된다. 그러므로 그 말은 다도뿐만 아니라 수행에서도 사용할 수 있는 이념이다. 즉, 마음 닦는데도 그것이 필요하다는 것이다.

이는 큰 물그릇에 담겨져 있는 물로도 비유가 가능하다. 그 물을 휘저으면 요동친다. 이것이 죽 끓듯이 끓는 것과 같다. 바로 번뇌 망상이다. 화합이란 다툼이 없다는 것이다. 다툼이 없으면 고요해진다. 바람이 쉬면 고요해지고, 고요해지면 맑아지고, 맑아지면 밝아진다. 흐트러지면 구정물도 일어나지만 가만히 있으면 저절로 가라앉는다. 가라앉으면 맑아지며, 맑아지면 밝아지는 것이다. 내가 보기엔 일본 다도에서 사용하는 「메아키目明」라는 말은 밝아지는 경지까지 가는 것을 의미하는 것 같다.

리도利刀란 말이 있다. 「채필묘공공불염彩筆描空空不染 리도할수수무흔利刀割水水無痕(채필로 하늘을 그린다 하여도 하늘이 물들지 않고 아무리 잘 드는 칼로 물을 베어도 물에는 상처(흔적)가 없다)」라는 말에서 보듯이 여기서 '리도利刀'란 잘 드는 칼을 말한다. 그러한 관점에서 보았을 때 리휴利休란 잘 쉰다는 뜻의 이름이다. 다르게 표현하자면 모든 번뇌 망상이 다 가라앉았다는 의미의 이름이다. 물에 비유하자면 고요해 맑아져 밝아진 상태이다. 그러므로 그 이름은 깊은 의미를 가진 이름이다.

불교에서는 쉬고 쉰다는 뜻에서 '휴휴休休'라는 말을 사용하며, 승려들 이름 가운데 '휴' 자를 넣어 일휴一休, 휴정休靜 등으로 이름을 짓기도 한다. 휴정은 서산대사西山大師(1520~1604)의 이름이다. 그 뜻은 쉬고 쉬어서 고요하다는 것이다. 고요하면 맑은 것도, 밝은 것도 그 속에 다 있게 된다. 그러한 의미에서 리큐利休의 이름을 해석할 수 있다. 그러한 이름을 가진 리큐가 최후의 유게遺偈에서 부처와 조사를 죽인다殺佛祖고 표현한 것은 스스로 그 지위까지 갔다고 자처했다는 것이다. 이같이 리큐의 이름과 유게를 얼마든지 불교적으로 해석이 가능하다. 다시 말해 리큐는 자신의 정신세계는 그러한 경지까지 다다랐다고 표방한 것으로 볼 수 있다. 그들의 이름도 그렇게 보아야 한다.

주제넘지만 40대 초반에 「성파시조문학상」을 지정하여 수여한 지가 올해로 39주년을 맞이했다. 30주년을 맞이하였을 때의 일이다. 사람들의 권유로 기념하여 시비詩碑를 세우기로 했다. 그때 나는 거창한 기념비는 거절하고, 자연석을 서운암에 조촐하게 놓기로 결정했다. 그때 시조문학가들이 나에게 시조작품을 달라고 하여 그때 10편을 적어 준 일이 있다. 그 중 한편의 제목이 '휴휴休休'이다. 즉, 쉬고 쉰다는 뜻이다. 그 내용을 소개하면 다음과 같다.

눈 감아도 풀벌레 계절 소식 알려주고
입 다물어도 시냇물 무진설법 대토代吐한다.
그 중에 일발한승一鉢閑僧은 쉬어 쉬어 가리라.

내가 말을 하지 않고 입을 다물고 있어도 풀벌레와 시냇물이 대신하여 무진설법을 한다는 의미이다. 일어나는 번뇌 망상을 고요히 가라앉히는 것이 중요하다. 그래야 맑음과 밝음이 생겨나는 것이다. 그러한 의미에서 위의 시조를 쉬어 쉬어 간다는 뜻에서 '휴휴休休'라고 제목을 붙였다. 재차 말하지만 리큐라는 이름은 서산대사의 휴정과 같이 고요해짐을 의미한다. 적어도 그들은 그 이름에서 보듯이 맑음과 밝음을 담을 수 있는 고요함(적정)의 세계로 가고자 하였던 것이다. 고요의 세계에 도달하기 위해 노력하는 자세야말로 도를 닦는 사람에게는 무엇보다 중요하다는 사실을 명심하여야 한다. 이렇게 스님의 법문이 무르익어갈 무렵 무심한 스님의 손전화 소리는 자꾸 울려댄다. 그 소리에 못이겨 스님은 결국 자리에 일어서서 다락실을 나가셨다.

4

차 한잔으로 세상을 보다

여인의 마음을 녹인
한마디

수업을 마치고 어느 때와 같이 자유롭게 다담을 즐기고 있었다. 한 남성 회원이 짓궂게 "스님 여성이 들어서 제일 좋아하는 말이 없을까요?"라고 묻자, 이에 스님은 한마디 말로 사람의 마음을 녹이는 말이 있다고 하면서 다시 붓을 들어 다음과 같은 글귀를 쓰셨다.

舊年寒苦梅　　지난해 매서운 추위를 견딘 매화가
得雨一時開　　비를 얻어 일시에 피었네.

스님은 웃으시면서 이 시는 수행승이 도를 깨달을 때 그 순간의 표현이기도 하다. 그런데 이 말을 오랜만에 만나는 여인에게 쓰면 그 여인의 마음을 얻을 것이라 하시면서, 이것 또한 아무데나 쓰면 안 된다고 일러주셨다.

이 시는 일본의 백은선사白隱禪師(1685~1768)*가 69세 때 『반야심경般若心経』의 주석서 『독어주심경毒語注心経』의 「시무등등주是無等等咒」의 조에 나오는 매화의 덕을 찬양한 노래이다. 그 시의 전문을 소개하면 다음과 같다.

舊年寒苦梅	지난해 매서운 추위를 견딘 매화가
得雨一時開	비를 얻어 일시에 피었네
疎影月移去	성긴 그림자 달과 함께 지나가고
暗香風送来	그윽한 향기 바람을 보내오누나
昨是埋雪樹	어제는 눈에 묻혀있던 나무가
今復帯花枝	오늘은 다시 꽃을 달고 있는 가지가 되었네
喫困寒多少	얼마나 많은 추위를 맛보았는지
可貴百卉魁**	다른 꽃들 보다 먼저 꽃 피운 것은 가히 귀하다 할만하다

---

* 일본 임제종의 중흥조. 시호는 신기독묘선사(神機独妙禅師), 정종국사(正宗国師). 현재 시즈오카현(静岡県) 누마즈시(沼津市) 출신 아명은 이와지로(岩次郎). 15세 때 송음사(松蔭寺) 단령화상(単嶺和尚)에게 출가. 혜학(慧鶴)이라 했다. 여러 지역을 행각 수행하였고, 24세 때 절의 종소리를 듣고 견성 체험했다. 그 후 시나노(信濃) 이야마(飯山)의 정수노인(正受老人=道鏡慧端)의 지도를 받아 혹독한 선수행을 하다 선병(禅病)을 얻었다. 그리하여 백유자(白幽子)라는 선인(仙人)으로부터 「내관(内観)의 비법」을 받아 회복했다. 그 백유자의 책상에는 『중용(中庸)』, 『노자(老子)』, 『금강반야경(金剛般若経)』만 놓여 있었다 한다. 그 후 수행을 거듭하여 42세 때 어느 날 법화경을 읽고 있었을 때 정원에서 귀뚜라미 우는 소리를 듣고 확철 대오했다. 문하에는 동령엔자(東嶺円慈), 수옹원로(遂翁元盧), 아산자도(峨山慈棹) 등이 있으며, 재가로는 문인화가이자 서예가 이케노 타이가(池大雅, 1723~1776) 등 거사와 여성의 참선자도 많았다. 저서로는 『괴안국어(槐安国語)』, 『형총독예(荊叢毒蘂)』, 『야선한화(夜船閑話)』, 『원라천부(遠羅天釜)』, 『さし藻草』, 『어인안좌미(於仁安佐美)』, 『자수패(子守唄)』, 『좌선화찬(坐禅和讃)』, 『초취패(草取唄)』 등이 있으며, 또 「칠복신승합도(七福神乗合図)」 등의 다수의 禅画가 있다.
** 百花魁란 무수히 많은 꽃 들 가운데 제일 먼저 꽃피우는 매화를 가리키는 말.

여인의 마음을 녹인 한 마디

142

백은선사는 일본 임제종의 중흥조이다. 그는 1685년 지금의 시즈오카 현靜岡縣에서 태어났다. 어릴 때 어머니 따라 간 절에서 지옥도를 보고 충격을 받고서는 뜨거운 물이 담긴 탕에 들어가 목욕을 할 때 마다 지옥에서 시달리는 뜨거운 솥에서 신음하는 사람들을 생각이 나서 울지 않을 때가 없었다. 이러한 공포심을 끊어내기 위해 15세 때 누마즈沼津의 송음사松蔭寺에서 출가 득도를 했다.

그 후 시즈오카靜岡, 후쿠이福井, 에히메愛媛 등 여러 지역의 선사들을 찾아다니며 수행했다. 20세 전후 수년간은 선수행禪修行에 의문을 품고 오로지 시문詩文과 서화書畵의 세계에 빠져 살았다. 22세 때 당대의 고승 대우종책 大愚宗築(1584~1669)*의 서체를 만나고 글을 잘 쓰고 못 쓰는 것이 중요한 것이 아니라 수행자의 인격 표현이 마음을 움직이는 것이라는 것을 깨달았다. 그리하여 지금까지 쓰고 그린 서화를 모두 불태우고 수행에 전념하여 24세 때 종소리를 듣고 견성체험見性体驗을 했다. 그 후 시나노信濃 이야마飯 山의 정수노인正受老人이라 일컬어지는 도경혜단道鏡慧端(1642~1721)**에게

---

*   일본 임제종 승려. 에도시대 전기 묘심사파(妙心寺派) 부흥에 힘쓴 인물. 미노(美濃) 무기(武儀) 출신. 11세 때 미노 건덕사(乾德寺)에서 장원조광(状元祖光)에게 출가. 스승의 사망 후 지문현 조(智門玄祚)에게 학문을 배우다. 또 묘심사(妙心寺) 잡화원(雑華院)의 일주동묵(一宙東黙)에 게서 참선 수행을 했다. 그의 생애에 걸쳐 개창하거나 재흥한 사찰이 무릇 36개소나 될 정도로 많았다. 1666년 조정으로부터 「제상비상선사(諸相非相禪師)」라는 칭호를 받았다. 1669년 대안 사(大安寺)에서 입적했다. 어록으로는 『대우화상어록(大愚和尚語録)』이 있다.

**   에도시대(江戸時代) 임제종의 승려. 신슈(信州) 마쓰시로번(松代藩) 영주 사나다 노부유키(真 田信之, 1566~1658)의 서자. 13세 때 어느 선승에게 "네 속에 살아있는 관음이 있다"는 말을 듣고, 그 이후 정신적 갈등의 시간을 보내다, 어느 날 성안에서 계단을 잘못 디뎌 떨어지는 순간 "그 찰나 활연(豁然)이라며 크게 깨쳤다 한다. 19세 때 에도(江戸) 동북암(東北庵)의 지도무난(至道無難, 1603~1676)에 출가하여 법을 계승했다. 동북암의 제2조가 되라는 스승의 지시를 거부하고 시나노(信濃) 이야마(飯山)에 정수암(正受庵)을 세우고 수행에 전념했다.

여인의 마음을 녹인 한 마디

가서 혹독한 수련을 할 때 목숨이 위태로울 정도로 극심한 노이로제에 걸려 고생했다. 그러나 다행히 시라가와 산중白河山中에 사는 백유선인白幽仙人을 찾아가 명상법인 「내관內観의 비법」을 얻어 극복했다. 그 백유자의 책상에는 『중용中庸』『노자老子』『금강반야경金剛般若経』만 놓여 있었다 한다.

42세 때 어느 가을 날 밤 『법화경法華経』을 읽고 있었던 그가 귀뚜라미 우는 소리를 듣고 깨달음의 세계를 체험했다. 백은선사에 대한 다음과 같은 일화가 있다.

백은선사가 23세 때 후지산富士山이 폭발했다. 선사가 있던 송음사는 후지산 중턱에 있었다. 그때 선사는 법당에서 참선을 하고 있었다. 절 식구들은 모두 화산 폭발에 절 바깥으로 도망쳤다. 그러나 선사는 법당에서 꿈쩍도 하지 않고 앉아 있었다. 모두들 "바깥으로 나가라."고 외쳐도 선사는 좌선을 그만두려고 하지 않았다. 그리고 선사는 "내가 만일 깨달음의 세계를 열고 세상을 위해서 훌륭한 승려가 된다면 이 정도의 대분화로 목숨을 잃을 리가 없다. 천신이 지켜줄 것이다. 깨달음을 얻지 못하고 별 볼일 없는 승려가 된다면 지금 여기서 죽어도 상관없다!"고 맹세하고 좌선을 풀지 않았다. 잠시 후 화산 폭발은 멈췄고, 선사는 어디 하나 다친 데가 없었다. 그 이듬해 선사는 진리를 얻기 위해 혹독한 수련을 했다.

또 선사가 송음사의 주지로 있었을 때의 다음과 같은 일이 있었다. 절의 산문 앞에 사는 부잣집 딸이 혼인도 하지 않았음에도 임신을 하여 아이를 낳았다. 이에 놀란 아버지가 "누구의 아이냐?"고 다그치자 엉겁결에 백은선사의 아이라고 대답했다. 그러자 화가 치밀어 온 처녀의 아버지는

그리하여 사람들은 정수노인(正受老人)이라고 일컬었다.

144

아이를 안고 송음사에 찾아가 "지금까지 존경하였는데, 승려인 주제에 남의 딸에게 손을 대다니, 너야말로 땡중이다. 이 아이를 책임지라."고 소리 지르고 아이를 놓고 돌아가버렸다.

선사는 전혀 화내는 기색도 없이 아이를 맡아 기르기 시작했다. 그로 인해 선사의 체면은 물론 신뢰까지 상실하여 신자와 제자들이 하나 둘씩 떠나 마침내 송음사는 완전히 쇠퇴해져 버렸다. 그래도 선사는 아이를 귀여워했다. 선사가 마을에 탁발하러 내려가면 마을 사람들은 선사를 놀려댔고, 심지어는 돌을 던지거나 소금을 뿌리는 자들도 있었다. 그러던 어느 눈 내리던 날 아이를 안고 탁발하고 있는 선사의 모습을 지켜보던 그 처녀는 드디어 참을 수가 없어서 울음을 터트리면서 아버지에게 진실을 털어놓았다.

이에 너무도 놀란 아버지는 선사가 있는 곳으로 달려가 무릎 꿇고 빌었습니다. 선사는 처음처럼 화내는 기색도 없이 "그랬더냐. 아버지가 있었더냐. 그럼 됐다." 하면서 그 아이를 돌려주었다. 그 일이 있고 난 후 이전보다 더 많이 신사와 제자들이 송음사에 몰려들었다.

또 이러한 일이 있었다. 선사가 있던 절에서 언제나 수행승과 백은선사는 식사를 같이 하지 않았다. 늘 선사는 직접 밥을 지어 먹었다. 한 수행승이 이를 보고, 선사는 고승이므로 자신들의 식사와는 다르고, 틀림없이 맛있는 것이라고 생각했다. 어느 날 절의 주방 앞을 지나자 그곳에는 아무도 없었고, 백은선사가 요리하는 흙 냄비가 불 위에서 김이 모락모락 내고 있었다. 그리하여 그 냄비의 뚜껑을 열어보았더니 무어라고 형용할 수 없는 이상한 냄새가 났고, 보기에도 시커먼 것이 부글부글 소리를 내고 끓고 있었다. 조금 맛을 보려고 숟가락으로 건져 한입에 넣어보았다. 그 순간 지금까지 먹어보지 못한 너무나도 이상한 맛이 났기 때문에 그만 자신도 모르게 토하고 말았다. 마침 그때 백은선사가 들어와 그를 보고는 "이것은 너희들이 먹는 것이 아니다. 너희들이 먹다 남긴 것이다. 먹는 음식을 아끼고 아껴야 한다. 그래서 내가 너희들이 먹다 남은 것을 모아서 이렇게 요리하여 먹고 있는 것이다."고 말했다.

일본의 선종에서는 스승이 제자에게 면허장免許狀으로 자신의 초상을 수여하는 정상頂相의 전통이 있다. 대개 전문가인 화가가 그리는 것이 보통이다. 그러나 백은선사는 자신이 직접 그려 건넸다 한다. 그 결과 백은선사의 자화상이 많이 남아있다. 백은선사는 고향으로 돌아가 포교에 매진하여 조동종曹洞宗, 황벽종黃檗宗과 비교하여 쇠퇴해가던 임제종을 부흥시켰다. 그리하여 일본인들은 「스루가駿河에는 후지산과 백은이라는 두 개 보물이 있다」고 일컬어질 만큼 존경했다.

이러한 백은선사의 싯구가 스님의 입과 손에서 자연스럽게 나온 것이다. 벌써 시각은 저녁 8시를 넘기고 있었다. 그때까지 스님은 공양도 하시지 않고 우리와 다담을 나누셨던 것이다. 그때 갑자기 피로가 몰려들었는지 크게 한번 하품하시더니 오늘은 이만 해야겠다 하시며 어둠 속으로 사라지셨다.

조선의
선비정신

이 날은 한회원의 부부와 함께 다락방에 필요한 책상과 물건을 넣었다. 그때 스님이 오시어 저절로 다담이 이루어졌다. 이 날 스님은 유달리 도덕성을 강조하셨다. "배움에 있어서 유교 불교 따질 필요가 없다. 유교에게도 배울 것이 있으면 배워야 한다."고 하시면서 특히 도덕성을 잘 나타낸 「신독愼獨」이라는 말이 있다고 글씨를 쓰셨다. 이 말은 사람은 홀로 있을 때에도 도리에 어그러지는 일을 하지 않고 삼가야 한다는 의미이다.

이 말은 『대학』과 『중용』에서 유래한다. 『대학』에서는 "이른바 그 뜻을 성실하게 한다는 것은 스스로 속이지 않는 것이니, 악을 미워하기를 악취를 미워하듯 하며, 선을 좋아하기를 호색을 좋아하는 것과 같이 하니, 이것을 일러 자겸自慊 즉 스스로 만족함이라고 한다. 그러므로 군자는 반드시 홀로 있을 때에도 삼가는 것이다."라고 하여 신독은 자기 뜻을 성실하기 위한 방편이라고 설명되어있다.

　주희는 이 신독의 '독獨'의 의미에 대해 남이 알지 못하고 자신만이
홀로 아는 곳이라고 정의하고, 홀로 있을 때에 삼가 선악의 기미를 잘 살펴야
한다고 하였다. 한편『중용』에서도 "숨겨진 것보다 더 드러남이 없으며 은미
한 것보다 더 나타남이 없으니, 군자가 홀로 있을 때에도 삼가는 것이다."라
고 하여 자신에 대한 성찰을 게을리 하지 않아야 한다고 강조했다.

　이러한 지식을 두루 섭렵한 스님은 「신독」이라는 말을 하신 것이었다.
그리고 스님은 그 말을 다르게 표현하면 「십목소시십수소지十目所視十手所指
(열 개의 눈이 보고, 열 손가락이 가리키고 있다)」로도 할 수 있을 것이라고 하셨다.
이 말은『대학大學』의「성의장誠意章」에 나오는 말이다.

> 소인은 혼자 있으면 못하는 짓 없이 나쁜 짓을 한다. 그러다가 군자를 만나게
> 되면 자기의 나쁜 짓을 가리고 자기의 착함을 드러내 보이려 하지만 남이 자기를
> 보는 것이 마치 폐나 간을 드려다 보듯 하는데, 그런다고 무슨 보탬이 되겠는가?
> 이런 것을 일러 마음속에서 성실하면 그것이 밖으로 나타난다고 하는 것이다.
> 그러므로 군자는 항상 혼자 있을 때 더욱 신중해야 하는 것이다. 증자曾子가
> 말하길, "열 개의 눈이 보고, 열 손가락이 가리키고 있으니, 엄하기도 하다十目所視
> 十手所指 其嚴乎."라고 하였다. 재물은 집을 윤택하게 하고, 덕德은 몸을 윤택하게
> 하여, 마음이 너그러워지고 몸이 편안해지는 것이다心廣體胖. 그러므로 군자는
> 반드시 그 뜻을 성실하게 하여야 한다.

이와 같이 아무도 보지 않은 홀로 있을 때라도 행동에 있어서 도덕성이
중요하다고 하셨다. 즉, 그것을 내면의 수신을 위한 가장 중요한 덕목으로

보신 것이었다. 이것이 계기가 되어 스님의 지식 보따리에서 유교의 도덕성을 강조한 글귀가 봇물처럼 터져 나왔다.

스님은 다시 "여지아지천지지지신지汝知我知天知地知神知이니 하이何以 무지자無知者오(네가 알고 내가 알고 하늘이 알고, 땅이 알고, 귀신이 아니, 어찌 아는 자가 없다고 하겠는가)."라는 글귀를 쓰셨다. 이 말은 세상에는 비밀이 없음을 나타낸 말이다. 그만큼 자신이 하는 일이 남이 보지 않는다고 정직하지 못한 일을 해서는 안 된다는 의미이다. 펜을 놓으시더니 이 글귀의 유래인 『후한서後漢書』의 「양진전楊震傳」의 이야기를 들려주셨다.

양진楊震은 관서關西 사람으로 경전에 밝고 청렴결백하기로 유명한 인물로 나이 50이 넘어서야 주변의 사람들의 천거로 동래태수東萊太守로 임명되어 임지로 가는 도중에 창읍昌邑에서 묵게 되었다. 저녁 늦게 그곳 현령 왕밀王密이 찾아왔다. 왕밀은 양진이 형주자사로 있을 때, 그의 학식을 높이 사 무재茂才로 뽑아준 사람이었다. 두 사람이 지나온 이야기를 한참 하다가 왕밀은 소매 속에서 황금 열 근을 꺼내어 내밀었다. 양진은 깜짝 놀랐지만, 이내 온화하면서도 단호하게 거절하였다. 양진이 "나는 옛 지인으로서 자네의 학식과 인물도 기억하네. 그런데 자네는 나를 잊은 것 같네."라고 하자, 왕밀은 "아닙니다. 이건 뇌물이 아니라 지난날의 은혜에 보답하려는 것뿐입니다."라고 했다. 그러자 다시 양진은 "자네가 영진榮進하여 나라를 위하여 진력하는 것이 나에 대한 보답이네."이라 하자, 왕밀이 "지금은 밤중이고, 방안에는 태수님과 저뿐입니다."라고 말했다. 그때 양진은 "자네가 알고, 내가 알고, 하늘이 알고, 땅이 알고, 귀신도 알고 어찌 아는 자가 없다고 말하는가!" 하자 왕밀은 부끄러워하며 물러갔다.

이러한 이야기를 하시더니 우리나라에도 그와 유사한 이야기가 있다고 하시면서 미수 허목許穆(1595~1682)*과 제자 사이에 있었던 이야기를 다음과 같이 하셨다.

눈이 깊게 쌓인 어느 깊은 겨울 날, 한 지인이 미수 선생을 찾아 문안을 드렸다. 그런데 그가 돌아 간 뒤 미수 선생은 그가 놓고 간 붓과 쌀자루를 보고 놀라 이와 같은 글을 써서 붓은 받아 두고, 쌀과 함께 다음 날 사람을 시켜 다시 그 지인 집으로 돌려보냈다. 그때 남긴 시가 바로 다음 시라 하시면서 펜을 들어 다음과 같은 시를 적었다.

雪厚盈尺	눈은 한자나 깊게 쌓였는데
問足物何	문안이면 족하지 물건은 웬 것
毛可米否	붓毛은 가하되 쌀은 안될 일
可留否送	가한 것은 두어두고 안될 것은 보내노라.

허목을 찾은 지인은 어렵게 사는 허목을 위해 붓 한 자루와 쌀 한

*   조선후기 성균관제조, 이조판서, 우의정 등을 역임한 문신. 본관은 양천(陽川). 자는 문보(文甫)·화보(和甫), 호는 미수(眉叟). 찬성 허자(許磁)의 증손으로, 조부는 별제 허강(許橿)이고, 부친은 현감 허교(許喬)이며, 모친은 정랑 임제(林悌)의 딸이다. 부인은 영의정 이원익(李元翼)의 손녀이다. 과거를 보지 않고 학문과 글씨에 전념해 독특한 전서를 완성했다. 예론에 뛰어나 두 차례 예송 논쟁에서 서인의 영수 송시열을 대상으로 남인의 주장을 대변했다. 현종 대에는 서인의 주장이 관철되면서 좌천되었으나 숙종 대에 남인의 주장이 채택되어 대사헌을 거쳐 우의정에 올랐다. 경신대출척으로 서인이 집권하자 파직되어 저술과 후진양성에 전념했다. 학문적으로는 주자학 일존주의에서 벗어나 원시유학을 중시했다. [한국민족문화대백과사전]

자루를 가지고 문안차 왔다. 그러나 허목은 붓은 받되, 쌀은 받지 않고 되돌려 보낸 것이다. 아마도 붓은 문방사우로 선비의 벗이기도 하니 받아 허물될 것이 없으나, 쌀은 공인으로서 받을 수 없는 재물에 속하는 것이어서 거절했던 것이다.

이것이 조선의 선비정신이라 하시면서 오늘날 우리가 본받아야 할 점이라고 힘주어 말씀하셨다.

이 말을 들은 우리는 스님의 해박한 지식에도 감탄하였지만, 지금까지 그러한 도덕성을 가지고 살아왔는가에 대한 반성을 하지 않을 수 없었다. 그때 스님은 "다들 너무 어렵게 생각하지 말고 이 말을 생각해보라."고 하시며 다음과 같은 글귀를 적으셨다.

百年風雨多經過　　백년의 풍우 많은 일을 겪으면서도
不言甘苦不言辛　　달다 쓰다 말하지 않고 맵다 말하지 않네

이 말은 동구 밖에 서있는 장승은 백년이라는 수많은 세월을 견뎌내면서 동네에서 일어난 어떤 일도 모두 알고 있지만, 달다 쓰다 맵다는 말 한마디도 하지 않고 서있다는 뜻이다. 말은 하지 않고 있지만 자신을 지켜보는 사람이 반드시 있으니 홀로 있다 하더라도 자신의 행동에 한 점 부끄러움이 없어야 한다는 것이다. 이 말을 끝내실 때 마침 손님이 찾아왔다는 시자스님의 전갈로 못내 아쉬워하시면서 다락방에서 나가셨다.

원통암의
창건설화

오늘은 다락방에서 스님은 다른 날과 달리 옛날이야기를 꺼내셨다. 내용은 다음과 같다. 즉, 옛날 장안 근처 어떤 고을에 한 총각과 한 처녀가 있었다. 총각은 홀어머니와 함께 살아가는 가난한 사람이었고, 처녀의 집은 대감댁으로 담장도 집도 높은 잘사는 집이었다. 그러한 집에서는 길가는 사람을 내려다 볼 수 있었고, 길에서는 그 집을 올려다보아야 했다.

총각은 글방을 매일 다니는데, 가고 오는 시간이 거의 일정했다. 그 시간만 되면 처녀는 담벼락 밑으로 총각이 지나가는 모습을 한참 바라보곤 했다. 그러기를 오랜 시간이 흘렀다. 하루는 총각이 큰마음을 먹고 시를 한 수 지어 돌에다 서신을 묶어서 던져 보냈다. 그 시의 내용이 다음과 같았다.

| 隣家有桃花 | 이웃집 복숭아꽃이 있는데 |
| 枝高不可攀 | 가지가 높아서 휘어잡지 못하겠네. |

이 편지를 받은 처녀는 이 시에 답하기를 다음과 같이 했다.

| 風吹花枝低 | 바람 불어 꽃가지가 낮아지거든 |
| 折得解所願 | 그때 꺾어서 소원을 푸시오소서 |

이렇게 서신을 주고받은 후 두 사람은 가깝게 지냈다. 그런데 처녀 집에서는 처녀를 어느 대감댁으로 시집보내기로 결정했다. 이 사실을 안 총각은 그만 병이 났고, 아무리 약을 써도 효과가 없었다. 그리고는 드디어 총각은 죽고 말았다.

이 소식을 접한 처녀는 아버지를 찾아가 자리를 깔고 칼을 들고 죽으려고 하면서, "마지막 소원이 있으니 제발 열흘만 말미를 주세요."라고 애원했다. 이에 아버지는 부득이 허락을 하지 않을 수 없었다.

그 길로 처녀는 총각 집으로 가서 "저는 한번 맹세하였기에 당신은 저의 시어머니입니다. 그리고 이 집안의 며느리입니다. 제발 이대로 장사를 치르지 말고 1주일만 그대로 시신을 그대로 놓아두소서. 죽은 자식도 자식이며, 산 자식도 자식이니 원을 들어 주소서."라고 간절히 애걸했다. 이러한 제안에 처음에는 총각 어머니도 당황하였으나, 곧 허락을 했다. 그러자 그 길로 처녀는 뒷산에 올라가 큰 바위 밑에 가서 기도를 올렸다. 그때 기도문은 다음과 같았다.

원통암의 창건설화

日月何山不照	해와 달이 어느 산도 비치지 않으리오마는
先照高山之上	먼저 높은 산 위부터 비치고
佛心何人不濟	불심이 어느 사람도 구하지 않으리오만은
先濟至通之人	먼저 지극히 원통한 사람부터 구제하소서

이렇게 간절히 기도를 올린 지 1주일이 지나자 선몽에서 신령이 나타나 "너는 60살까지 살 운명이고, 총각은 20살까지 살 운명이다. 그러니 너의 나이에서 20살을 빼어 총각에게 20살을 보태어 살겠느냐." 했다. 이에 처녀는 "그렇게 하겠나이다." 하며 번득 눈을 떴다. 처녀는 마을에 내려와서 총각의 몸을 만져보니 가느다랗게 숨을 쉬더니 다시 되살아났다. 그리하여 두 사람은 결혼하여 행복하게 잘 살았다. 그리고 기도했던 그 자리에 은혜를 갚기 위해 절을 세웠으니, 그것이 원통암이다. 이 이야기가 원통암의 창건설화이다.

이 원통암은 어디에 있는 암자인지 아무도 모른다. 그것이 중요하지 않다. 간절한 기도로 죽은 남편을 살린 여인의 지극한 정성이 무엇보다 중요하다. 스님은 기도를 하려면 이 정도로 간절히 해야 소원이 이루어진다고 하셨다. 결혼도 하지 않은 미래 남편의 시신을 살리기 위해 뒷산에 올라 부처님께 간절히 여인의 기도문이 만드는 여운은 스님이 다락방에 나가신 후에도 오랫동안 우리의 가슴에 남았다.

바람직한
부부상

1.

오늘의 다담은 부부에 관한 이야기가 많았다. 한 회원이 스님에게 남편의 호칭을 어떻게 불러야 할지를 물었다. 그러자 스님은 그것은 스스로 생각하여 되도록 남편을 공경하는 호칭으로 하는 것이 좋겠다고 일반적인 의견을 피력했다. 그러자 또 다른 회원이 "저는 남편을 다른 사람에게 소개할 때 거사님이라고 하는데, 그것을 들은 사람들은 나중에 저의 남편을 처사님이라고 부릅니다. 이것을 어떻게 받아들이면 좋겠는지요?" 그리고 거사와 처사 중 어떤 것을 사용하는 것이 좋은지요?"라고 동시다발성의 질문을 던졌다.

그러자 스님은 낱말로 해석하면 불교에 귀의한 남자를 일반적으로 처사라 하고, 그것에서 어느 정도 수행한 사람을 거사라 하는데, 그 호칭에 대해서는 너무 얽매이지 말고 남편을 높여주는 것으로 하라고 다시 한번 원론적으로 당부하면서 그것보다 부부사이에서 중요한 것은 서로가 인색하게 군다는 것이 문제라고 지적하시면서 다음과 같이 힘주어 말씀하셨다.

2.

부부사이에는 서로 인색하면 안 된다. 인색하지 말라. 얼마든지 좋은 말을 할 수 있는데도 하지 않는 것은 바보이다. 얼마든지 할 수 있는데, 왜 인색한지 모르겠다. 아주 쉬운 것이다. 나는 보살들에게 이야기할 수 있는 기회가 있으면 자주 하는 말이 "남편이 산부처이다. 당신네들은 부처님을 믿는 자이다. 영험 있는 부처를 믿는 것이 낫나. 영험 없는 부처를 믿는 것이 낫나. 산부처는 백발백중 영험이 있다. 그렇게 생각하고 아침에 3배 하고 저녁에 3배 하는 듯이 잘하면 반드시 영험이 있을 것이다. '산부처를 잘 섬겨라.' 하고 나는 법문하는 일이 많다."

3.

이렇게 말씀하시더니 부부라고 하여 젊은이의 연인관계처럼 뜨거운 열정이라고 오해할까 염려하셨는지, 다음과 같은 싯구를 노트에 적어셨다.

相見亦無事   서로 보면 별일 아닌데

不來忽憶君   오지 않으면 문득 생각이 난다.

그리고는 잠시 침묵의 시간이 흘렀다. 더 이상 말씀을 하시지 않았다. 그 뜻을 곰곰이 생가해보니 마치 이 시의 내용이 부부관계를 나타내는 듯했다. 막상 같이 있으면 특별한 마음이 생기는 것이 아닌데, 그렇다 하더라도 막상 상대가 없으면 문득 생각이 나는 것이 부부사이라는 생각이 들었다. 즉, 오랜 세월을 함께 해온 부부는 상대가 옆에 있으면 든든하고, 없으면 허전하게 느껴지는 친구처럼 느껴지는 관계인 것이다. 이렇게 부부의 정의를 내리고 나니 "헤어지면 그립고 만나보면 시들하고, 몹쓸 건 이내 심사"라는 남인수의 「청춘고백」이라는 노래 가사가 자꾸 머리에 떠올랐다.

마음의 틈이 생기면
마가 침범한다

1.

오늘은 스님과의 다담이 길었다. 주제도 특별히 있는 것도 아니었다. 생각나는 대로 무겁지 않은 마음으로 편안하게 시작되었다. 그런데 오늘은 이야기가 무르익어 시간가는 줄 몰랐다. 이야기의 시작은 「황차 이야기」에서 비롯되었다.

우리나라에서는 아직도 황차의 개념이 정확하지 않은 것 같다고 한 회원이 발언하자, 스님은 차의 이름은 차 잎의 모양, 생산지, 색깔 등에 의해 다양한 이름들이 붙여지지만 우리는 그 이름에 놀아날 필요가 없다. 차의 본고장 중국에서도 봄에 만드는 춘차春茶와 가을에 만드는 추차秋茶가 있다. 비가 많이 올 때와 비가 오지 않는 가물 때에 따라서도 제품의 질과

가격에서도 차이가 난다. 차의 가격은 미리 정해놓기 때문에 비가 많은 해는 차 농가가 돈을 많이 벌지만, 그렇지 않고 가문 해에는 차농가의 수입이 적어진다.

우리나라에서 차 잎을 「일창일기一槍一旗」라는 어려운 표현을 하는데, 그러한 차는 중국에도 있다. 그것이 바로 복건성福建省에서 생산되는 금준미 金駿眉라는 차이다. 이 차는 한줄기 끝에 하나의 잎이 달린 것만을 모아서 만든 차이다. 그러니 생산량이 적어 비쌀 수밖에 없다고 하셨다.

2.

화제는 어느덧 이덕리李德履(1725-1797)*의 『동다기東茶記』로 옮겨졌다. 이덕리가 살았던 당시 일반인들은 차를 몰랐던 모양이다. 고려 때까지 융성했던 우리의 차문화가 얼마나 쇠퇴하였는지를 보여주는 좋은 예라 할 수

---

* 조선 후기 부천 지역 출신의 유생. 조선 후기의 무관. 본관은 전의(全義). 자는 수지(綏之) 또는 수리(綏履). 숙종조 무인(武人)이며 울릉도 수토관(搜討官) 장한상(張漢相, 1656~1724)의 외손이며, 어영대장과 훈련대장을 거쳐 영조 때 병조판서에 올랐던 무신 이삼(李森, 1677~1724) 의 처조카였다. 아버지는 유학 이욱(李煜)이고, 동생은 이덕태(李德泰)와 이덕형(李德亨)이다. 1749년 성균관 생원, 1759년 진사 신분이었다. 1763년 정사 조엄(趙曮)·부사 이인배(李仁培)· 종사관 김상익(金相翊) 등 통신사 일행이 도쿠가와 이에하루(德川家治)의 습직(襲職)을 축하하기 위해 일본을 방문하였을 때, 자제군관(子弟軍官)으로서 권기(權琦)와 함께 부사 이인배를 배행하였다. 예방(禮房)을 담당하였고, 부사의 가까운 일가였다. 1772년 정3품 당상관인 절충장 군에 가좌되었고, 1774년 도성 경비의 책임을 맡은 종2품 창경위장(昌慶衛將)이 되었다. 1776년 역모죄에 걸려 진도로 귀양을 갔으며, 1785년 『동다기(東茶記)』 일명 『다기(茶記)』를 저술하였다. 그 밖에도 저서로는 『제고이헌납중해시(祭告李獻納重海詩)』, 『상두지(桑土志)』 등이 있다.

마음의 틈이 생기면 마가 침범한다

있다.

여기에 대해 스님은 하실 말씀이 있으셨는지, 잠시 숨을 고르시더니 조선시대에 접어들어 숭유억불정책으로 인해 차문화가 술문화로 바뀌었고, 다방이 주막으로 변하였다. 또한 절마다 차를 재배하고 생산하였으나 차 공출이 많아 차밭을 줄이거나 의도적으로 없앴기 때문에 차의 생산과 문화가 사라졌던 것이다. 요즘도 폐사지에 가보면 부근에는 차나무가 있다. 그것은 그러한 시대의 흔적이다. 지리산에 차가 남아있었던 것은 그곳이 돌밭이 많아 차를 없애려 해도 없앨 수 없어서 남게 되었다고 말씀하셨다.

우리나라에서는 차의 재배와 제조가 사라졌지만, 생강, 오미자, 구기자 등 많은 대용차가 만들어졌다. 석창포로 총명탕을 만들기도 했다. 이를 절에서도 차 대신 사용했다. 그러므로 우리의 차문화에 대용차가 차지하는 위치는 매우 크다고 하시면서 그것에 대한 연구도 할 필요도 있다고 강조하셨다.

3. 황매는 산동백이다.

이때 또 한 회원이 이덕리가 황매를 두고 "'꽃이 노랗고 진달래보다 먼저 핀다. 잎은 삼각형으로 산자와 같고, 모양은 세 가닥 잎이 달렸다. 모두 생강 맛이 난다. 산골사람들이 산에 들어가면 쌈을 사서 배불리 먹는다. 각 고을에서는 그 여린 가지를 따서 끓이고 삶아 손님을 대접한다. 그 가지를 두 줌쯤 꺾어 주재료로 삼아 약과 함께 달여 마시면 감기나 상한 및 이름 모를 질병으로 여러 날 된 것도 땀이 나면서 틀림없이 신통한 효과가 있다.

어찌 또한 일종의 별다른 차이겠는가?' 말하였는데, 여기서 말하는 황매는 어떠한 것이지요?"라고 물었다. 그러자 스님은 이덕리의 황매는 산동백山冬栢이다. 이것 또한 절에서 차를 만들어 마셨다고 하였다.

4.

이렇게 말씀을 하시더니 "요즘 차에 관한 연구가 많이 진행되는 것은 좋은데 학자들 마다 견해가 각기 달라 일반인으로서는 「수지오지자웅誰知烏之雌雄」이라 즉, 어느 것이 암까마귀인지 수까마귀인지 구분하기 어렵다"고 말씀하셨다. 다시 말해 이 말은 사물의 옳고 그름을 가려내기가 어려움을 일컫는 말이다. 특히 자신의 주장을 펴는데 개인적인 영달을 위해 사리사욕이 들어가면 더욱더 혼란을 가중한다고 하시면서, 불교에서 이를 경계하는 말이 있는데 하시더니 다음과 같은 글귀를 노트에 적어셨다.

壁隔通風   벽에 틈이 생기면 바람이 통하고
心隔魔侵   마음에 틈이 생기면 마가 침범한다

마음에 조금이라도 사리사욕을 일어나면 벽에 틈이 생겨 바람이 통하듯이 그 틈을 이용하여 마가 들어와 일이 그르치게 된다는 뜻이다. 이를 경계하지 않으면 안 된다. 특히 불교에서는 짧은 문구의 표현이 많은데, 이를 보통 「일구一句」 또는 「게송偈頌」이라 하는데, 아마도 세계에서 가장 짧은 일본의 단가短歌인 하이쿠俳句 또한 이것에서 비롯되었을 것이다. 그리고 절에서 자주 사용하는 「여개방차餘皆倣此」라는 말이 있다. 이것은 이미 알고 있는 사실로 미루어 보아 다른 나머지의 것도 모두 이와 같다는 뜻이다. 그 말 속에는 이러한 의미가 내포되어있다. 그러므로 앞으로 마음을 다잡아 차문화 연구를 게을리 하지 말아야 한다는 말씀을 남기고는 다락방을 조용히 나가셨다.

5

곡차 한잔으로 도를 논하다

스님의
곡차론

1. 그 술은 그 술을 마셔본 사람만이 그 맛을 안다.

오늘은 일요일인데도 회원들을 위해 특별히 제3회 인문학 특강을 개최했다. 제목은 「일본인의 종교관」이었으며, 강의는 내가 맡았다. 특히 오늘은 회원들의 남편들이 다수 참석하여 분위기가 한층 고조되었다. 강의를 마치고 차를 마시는 시간을 가졌다. 그때 스님이 바깥으로 나가시더니 한참만에 돌아오셨다. 그의 두 손에는 소위 짭잘이라는 곡차 2병이 들려 있었다. 그것을 회원들 앞에 내어 놓으시면서 남편들은 물론이고 여회원들에게도 따르시며 권하시는 것이었다. 스님은 자신은 마시지 않지만, 남들에게 권하는 짓궂은 취미를 가지고 계신다. 다들 처음 보는 곡차이어서 그 맛에 대해 궁금해 했다. 그러자 스님은 웃으시면서 선가禪家에 이러한 말이 있다고 하시며 다음과 같은 말씀을 하셨다.

如人飮水에 冷暖自知라

"어떤 사람이 직접 물을 마셔보고 그것이 차가운지 더운지 스스로 아는 것과 같다"라는 뜻이다. 이 말은 선가에서 깨친 사람은 깨친 사람이라야 그 사람을 안다는 뜻으로 사용한다. 그와 같은 말을 다르게 표현하면「비기인 非其人이면 불지기인不知其人이라」할 수 있다. 즉, 그 사람이 아니면 그 사람을 모른다는 뜻이다. 곡차 맛도 그와 같다. 마셔봐야 그 맛을 아는 것이다. 그리하여 모두 잔에 담긴 곡차의 맛을 보았다. 톡 쏘는 전형적인 증류주의 맛이 올라왔다. 그때 스님은 다음과 같은 말로 이어갔다.

2. 이태백의 「장진주將進酒」

세상에는 많은 수수께끼가 많은데, 술 한잔으로 다 해결한다. 이태백의 「장진주將進酒」라는 시가 있는데, 소위 권주가이다. 너무 길어서 일부분만 소개하면 다음과 같다.

君不見	그대는 보지 못했는가,
黃河之水天上來	황하의 강물이 하늘에서 내려와
奔流到海不復回	흘러 흘러서 바다까지 갔다가 돌아오지 않음을.
君不見	그대는 보지 못했는가

| 高堂明鏡悲白髮 | 고대광실 거울 속의 흰 머리를 슬퍼함을. |
| 朝如靑絲暮成雪 | 아침에는 푸른 실이더니 저녁에는 머리카락이 흰 눈처럼 되었음을 |

이 시를 듣는 순간 모두 감탄을 했다. 아마도 인생은 그토록 허무하다는 것을 느꼈을 것이다. 그러자 스님은 여기서 끝이 나지 않는다 하시면서 다음과 같은 구절을 또 다시 우리들 앞에 던지셨다.

| 鐘鼓饌玉不足貴 | 풍악이나 좋은 안주라도 나에게는 귀하지 않네. |
| 但願長醉不用醒 | 다만 취하여 길이 길이 깨지 않기를 바랄 뿐이네 |

이쯤 하시고는 한번 숨을 고르시더니 다시 다음과 같은 구절로 마무리를 하셨다.

五花馬 千金裘	곱게 꾸민 말이나 여우 가죽 옷이라도
呼兒將出還美酒	아이를 불러내어 좋은 술과 바꾸어서
與爾同銷萬古愁	너와 더불어 만고의 근심을 잊겠노라.

"술은 근심을 잊게 하는 것이다. 나는 술은 마시지 않지만, 마시는 사람을 좋아하고, 술 자체를 좋아한다. 그 이유는 술이 음식 중의 최고의 왕이기 때문이다. 술을 마실 때는 취하고 안 취하고 하는 것을 따지면 안 되며, 그것에 얽매여서는 안 된다. 그리고 술 마시지 않는 자와는 인생을 논하지 말라는 말이 있지 않은가. 그러한 의미에서 예비사위와 함께 술을 마셨다는

것은 바람직한 일이다."고 하시면서 일전에 예비사위와 술을 함께 마셨다는 한 회원의 부군을 보고 말씀하셨다.

술은 근심을 잊게 해준다 하여 망우군忘憂君이라고 했다. 차도 그와 유사하게 번뇌를 씻는다 하여 척번자滌煩子라 했다. 스님의 말씀이 어느덧 무르익어 중국 당대의 시인 이백까지 옮겨갔다. 스님의 주도론은 계속 이어졌다.

3. 「이백기경상천도李白騎鯨上天圖」

술에 관한 시는 이태백의 것이 가장 많은데, 물에 비친 달을 건지러 갔다가 아직 올라오지 않고 있는데, 사람들은 그렇게 생각하지 않고 이태백이 고래를 타고 천상에 올라갔다고 생각했다. 그리하여 경북 상주 남장사南長寺에서는 그것을 벽화로 그려놓았는데, 그것이 바로 「이백기경상천도李白騎鯨上天圖」이다. 그 그림의 묘미는 고래를 타고 가는 이태백의 앞에 술병이 두 개가 놓여 있다는 점이다. 고래를 타고 하늘로 올라가면서도 술병을 가지고 간다는 것은 그에게 그 만큼 술은 최고의 물건이었다. 그것이 재미있어 옻칠민화로 그린 적이 있다.

이렇게 이태백의 술에 관한 시를 소개하시더니 "이태백의 시도 좋지만 나는 우리나라의 진묵대사震默大師(1562~1633)의 시가 더 좋아한다."고 하시면서 다음과 같은 시를 노트에 적어셨다.

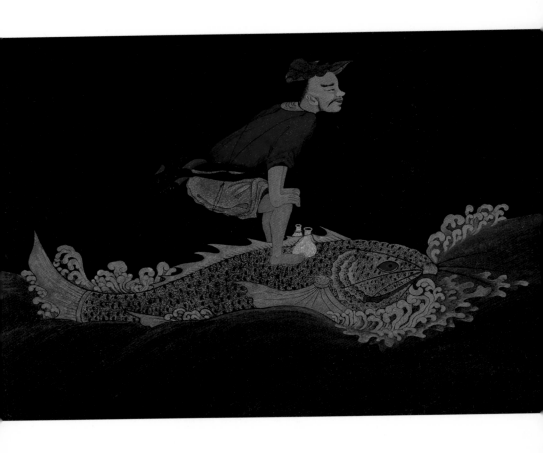

天衾地席山爲枕	하늘을 이불로 삼고, 땅은 자리로 삼고, 산을 베개로 삼았다
月燭雲屛海作樽	달은 등불, 구름은 병풍, 바다를 술잔 삼아
大醉居然仍起舞	크게 취해 거연히 일어나 춤추었더니
却嫌長袖掛崑崙	도리어 장삼자락이 곤륜산이 걸릴까 흠칫했도다

이러한 시를 소개하면서 "그의 포부가 광활하고 호탕함이 어느 누구보다도 크다. 이태백의 술에 관한 시도 그것에 비할 바가 아니다. 그리하여 나는 이 시를 이태백의 시보다 좋아한다."고 하셨다. 이 시를 들은 다락방 손님들은 진묵스님의 호탕함에 모두 놀라고 경탄했다.

스님은 술을 마신다는 것 자체에 풍류를 둘까 염려하셨는지, 송나라 시인 구양수歐陽修(1007~1072)의「취옹정기醉翁亭記」라는 시에 다음과 같은 내용이 있다 하시며, 다음과 같이 거침없이 노트에 적어셨다.

醉翁之意不在酒 在乎山水之間也 山水之樂 得之心而寓之酒也
취옹의 뜻은 술에 있지 아니하고, 산수지간에 있는지라, 산수간에 즐거움은 마음으로 얻고 술에 기탁하는 것이다.

이 시에 의하면 정자를 지은 자는 산에 사는 지선智仙이라는 승려이고, 정자의 이름은 그곳 태수가 지었다. 태수는 가끔 친구들과 함께 취옹정에 와서 술을 마시곤 하였는데, 그는 술을 조금만 마셔도 번번이 취하였고, 게다가 나이도 가장 많아서 스스로「취옹」이라고 호를 지었다. 그런데 시인 구양수는 그를 두고 그가 술을 마시는 의도는 술에 있지 않고 자연을 벗 삼아 오가며 아름다운 경치를 마음으로 느끼는 데 있다고 한 것이다. 스님은

이 시와 같이 술은 방편이어야지 목적이 되어서는 안 된다고 강조하셨다. 이같은 스님의 다담은 감탄에 이어 잠시 침묵의 시간이 흘렀다.

이태백의 시에 나타나는 술은 근심을 잊게 하는 망우군이다. 그리고 오랫동안 깨지 않기를 바라는 마음이 담겨있다. 즉, 그에게 술은 괴롭고 고된 현실세계에서 도피하는 수단에 불과했다. 그러나 술은 깨지 않을 수 없고, 근심 또한 잊는다고 하여 사라지는 것은 아니다. 깨어나 현실 세계로 돌아오면 술에 취하기 전에 남아있는 번뇌망상이 그대로 남아있다. 이것은 피할 수 없는 것이다. 이것을 해결하여야 안락정토라 불리는 진리(피안)의 세계로 나아갈 수 있는 것이다. 다시 말해 이백은 근심으로 대변되는 현실과 술로 대변되는 가상의 세계를 오가며 괴로운 삶을 살아갔던 인물이라 할 수 있다.

그에 비해 진묵스님은 다르다. 위의 시는 그의 오도송이다. 그에게 하늘은 이불이고, 땅이 자리이며, 산이 베개였다. 그러므로 밤에 뜨는 달은 등불이요, 구름은 병풍이었다. 이때 바다에 담긴 바닷물을 술이라고 들어 마심으로써 자신이 온 우주와 하나가 되었음을 나타낸다. 우주와 하나가 되었을 때 아무리 높은 산 곤륜산이라 해도 그것은 자연의 일부에 불과하다. 따라서 그것은 그가 춤을 추면 장삼자락에 걸리는 조그만 야산에 지나지 않는 것이다. 자연(우주)과 하나가 된 상태가 바로 깨달음의 세계이며, 어디에도 얽매이지도 막힘이 없는 우리가 도달해야 하는 도의 궁극점이 아닌가 하는 생각이 들었다. 이렇게 생각하니 「술이 음식중의 최고의 왕」이라는 스님의 말씀은 술이란 하나의 방편이지 목적이 아니라는 것을 역설적으로 표현한 것이라는 생각이 들었다. 이때 스님은 피곤하셨는지 크게 하품을 하시더니 토굴로 내려가셨다. 오늘의 다락방 다담은 이렇게 끝이 났다.

스님의 곡차론

곡차를 좋아하신
스님들의 이야기

1.

　오늘의 수업은 「차문헌학」과 「차문화사」이었다. 수업이 끝나고 회원들과 함께 차를 마시며 환담시간을 가졌다. 그때 마신 차는 스님이 내려주신 50여 년 된 발효차이었다. 그 차는 맛이 출중하여 회원들이 아껴가며 마시고 있는 것이었다. 이를 딱하게 여기셨는지, 스님의 보물창고를 열고 자엽차를 내어 주시며 그것에 대해 다음과 같이 설명하셨다.

　자엽차는 중국 운남雲南에서 나는 차로 차나무 자체에서 돋아나는 잎이 자색인데, 그 잎을 따서 만든 것이라 한다. 이것은 육우의 『다경』에 「자다위수紫茶爲首」 혹은 「다자茶者, 자자위상紫者爲上」이라고 설명되어있다고 하셨다. 이 차는 생산량이 적어 매우 귀한 것이라 했다. 회원들과 함께 이 차를 마시며 스님과의 다담은 시작되었다.

지난번 스님의 곡차론이 재미있
었던지 한 회원이 스님께 "스님들 가
운데 곡차를 좋아하신 분들도 간혹 계
시지요?"라고 물었다.

2.

그러자 스님은 구한말 부산 어느
절에 설봉스님이란 분이 계셨다. 그
는 양반가에 태어나 공부하여 진사에
급제하여 결혼하였으나, 곧 부인을 잃
었다. 초상을 치를 때까지 두문불출
하였고, 초상을 치르고 가출하여 유랑
생활을 하다가 어느 날 한 스님을 만
나 출가하게 되었는데, 그는 항상 아
내의 치마를 걸망에 넣고 다녔다. 그
는 대주가大酒家였다. 그리하여 서면
에서 자신의 절까지 가는데 대략 3일
이 걸렸다. 그는 술에 취하여 몸을 가
누지 못해 교통순경이 절에까지 바래
다주는 일도 종종 있었다 한다. 그는

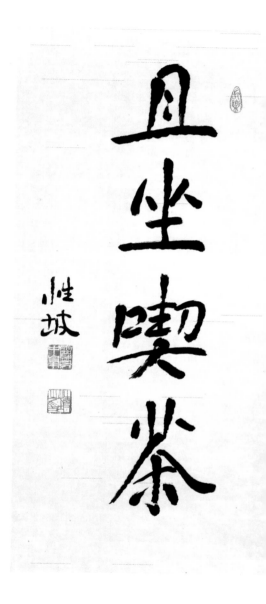

곡차를 좋아하신 스님들의 이야기

염불을 잘하여 젊은 승려들이 물으러 갈 때 꼭 소주를 사가지고 가야했다. 그리고 그것을 곡차라 하면 마시고, 술이라 하면 마시지 않았다. 그는 평생 죽을 때까지 아내의 치마를 놓지 않았던 기인이었다고 소개하셨다.

김운학스님은 우리나라에서 차가 쇠퇴한 내적 이유 중 하나로 일반 가정에 손님이 오면 차 대신 막걸리를 대신 사용하는 일이 많았던 점을 지적한 바 있다.* 즉, 술이 차를 대신하였다는 것이다. 이같은 논리로 보면 설봉스님은 곡차를 좋아하신 것이지 결코 술을 좋아하신 것은 아니다.

술이라 하면 절대 마시지 않고 곡차라고 해야 마셨던 스님의 곡차정신은 진묵선사(1562~1633)가 원조이다. 기이한 행적과 법상을 보이신 진묵대사는 계율에 얽매이는 것을 무엇보다도 싫어했고 곡차를 유달리 좋아했다. 당연히 그것과 관련 있는 이야기도 많다.

어느 날 한 승려가 술을 거르고 있는 것을 보고 "그것이 무엇이냐?"고 세 차례나 물었으나, 그 승려는 대사를 시험하기 위하여 모두 술이라고 대답하였으므로 금강역사金剛力士가 그 승려의 엉덩이를 걷어찼다는 것이다. 금강역사가 그 승려에게 벌을 내렸던 것은 술을 곡차라고 하지 않고, 계속 술이라고 우겨댔기 때문에 진묵대사는 마시지 않았다. 물론 이것은 사실이 아닌 설화의 영역에 있는 것이다. 스님의 이러한 철칙이 있기 때문에 사람들은 스님과 술자리를 함께 하거나 술을 권할 때는 반드시 술을 가리켜 곡차라 하고 마실 빌미를 드렸다.

진묵스님과 곡차에 관한 이야기는 여기서 끝나지 않는다. 너무나 많다. 그 중 몇 가지 소개하면 다음과 같다.

---

* 김운학, 「전통 다도 풍속조사서」, 『차의 세계』(8), 2010, 25쪽.

전북 전주 출신인 스님은 그 지역에서 제일 오래된 절인 봉서사로 7세에 출가했다. 당시 그의 누님이 그 아래 동네에 살았는데, 어느 날 들에 밥을 가지고 나가던 누님을 만났다. 그때 누님은 "스님, 바빠서 저는 그냥 가야겠습니다만 부엌에 가보면 곡차를 한 양푼 걸러 놓았습니다. 우리 집에 들러서 드시고 가십시오." 했다. 집에 가서 보니까 과연 한 동이의 물이 있어 들이마시고 갔다. 누님이 들어와 보니까 곡차는 그대로 있고 스님이 마신 것은 잿물이었다. 스님이 마신 것은 곡차가 아니라 잿물이었다. 큰일이 다 싶어 당장 쫓아 올라가 보니까 스님이 절에 않아 계신데 얼굴이 불그레해 취해 있었다. 분명 잿물을 마셨는데 스님께는 곡차가 되었다는 이야기가 있다.

또 이러한 이야기도 있다. 어느 날 선사에게 아들을 얻기 위해 백일기도를 하기로 결심하고 절을 찾아온 사람이 있었다. 대사는 그에게 "곡차를 가져다주면 아들을 낳게 기도를 해 주겠다."고 했다. 그리하여 그는 곡차를 가져다가 진묵 대사께 드렸으나, 가져온 술만 마실 뿐 진묵 대사는 한번도 법당에 들어와 기도염불을 해주지 않았다.

백일기도가 거의 끝나갈 무렵 마을 사람은 진묵 대사를 찾아가 "스님께서는 곡차를 가져다주면 아들을 낳기 위한 기도를 해 주시겠다고 하고는 매일 곡차만 드시고 기도는 안 해 주시니 너무 하십니다."라고 말을 하자 진묵대사는 "그래 그러면 내가 나한님에게 득남을 할 수 있게 부탁을 해 보겠습니다."라고 했다. 대사는 그날로 나한전에 들어가 "이 마을에 한 보살이 아들 낳기가 소원인데 한번만 들어주지." 하면서 나한의 뺨을 일일이 때렸다.

그날 밤 그 보살의 꿈에 나한들이 나타나서 "진묵 대사가 우리들의

곡차를 좋아하신 스님들의 이야기

뺨을 때려서 몹시 아프니 득남의 소원은 들어 줄 테니 제발 진묵대사에게 다시는 그런 부탁은 하지 말라."라는 부탁을 하고 사라졌다. 그런 일이 있은 후 그 보살님은 아들을 낳게 되었고 그 후 많은 사람들이 그 절에서 기도를 한 후 신이한 영험을 보았다고 전해져 오고 있다.

또 대사가 전주의 봉서사에 있을 때였다. 당대의 대유학자 봉곡鳳谷 선생이 진묵선사를 초대했다. 술과 기름진 고기를 마련해 놓은 자리에 진묵 선사가 앉자 봉곡 선생이 말했다. "스님은 술은 아니 드시지만 곡차라면 좋아하시오? 여기 곡차도 많고 고기도 많으니 한번 마음껏 자셔 보시지요." 진묵 선사가 대답했다. "그거 참 고마운 일이오. 그러나 나는 양이 커서 한 사발의 곡차나 한 그릇의 물고기 안주로는 직성이 풀리지 않으니 주려거든 곡차도 동이로 주시고, 고기도 냄비 째 주셔야 하오." 진묵 대사는 동이 째로 술을 마셔 버렸다고 한다.

또 진묵대사는 불량배와 천렵을 하면서 술을 마시고 고기를 먹었는데, 술은 다 토했고, 물고기는 변便을 보아서 다 살려냈다는 이야기도 있다.

이처럼 진묵스님은 곡차를 좋아했다. 스님은 술 마시는 것을 나무라는 사람들에게 이렇게 말했다. "쌀과 누룩으로 만들었으니 곡차가 아닌가. 세속 인은 취하기 위해 마시니 술이겠지만 나는 그것을 마시면 피로도 풀리고 기분도 상쾌해지니 그저 곡차인 것이다." 그리고 "마셔서 정신이 몽롱하게 취하면 술이요, 마셔서 정신이 맑아지게 하면 차茶이다."고 했다 한다. 곡식 으로 만든 차, 곡차이다. 흔히 말하는 「곡차」라는 용어도 진묵대사로부터 유래되었다고 한다. 스님에게 술은 차나 다름이 없었던 것이다.

진묵스님은 곡차만 좋아하신 것이 아니다. 음식도 가리지 않았다. 어느 날 스님이 절문을 떠나 길을 나서 냇가에서 천렵川獵을 한 뒤 매운탕을 끓이고 있는 소년 무리들을 만났다. 스님이 이 광경을 보고 탄식하면서, "이 무고한 물고기들이 화탕火湯지옥의 고생을 하는구나!" 하니, 한 소년이 희롱하여 말하기를 "선사께서도 이 고깃국을 드시겠습니까?" 하니 "나야 잘 먹지." 하였다. 이에 소년이 "저 한 솥을 선사께 맡기겠으니 다 드시오." 하였다. 이에 스님이 솥을 들어 입에 대고 순식간에 남김없이 다 먹어 버리자, 소년들은 살생하지 말라는 계율을 어기고 고깃국을 다 먹었다고 조롱하였다. 이에 말씀하시길 "물고기를 죽인 것은 내가 아니지만 그것을 살리는 것은 내게 있다."고 말하며 냇가에 가서 뒤를 보니 무수한 고기들이 살아서 헤엄쳐 갔다. 이에 소년들이 탄복하고는 그물을 거두어 가지고 돌아갔다는 이야기도 있다.

이처럼 진묵스님은 유유자적하고 계율에 얽매이지 않는 호탕한 자유인이었다. 그리고 스님은 참선에 뛰어났고, 학문에도 깊이가 있었을 뿐만 아니라 당대에 대단한 문장가로도 유명하였다. 그러므로 유학자들과도 거리낌 없는 교유가 있었다. 한편 진묵은 고승이면서 유학儒學을 잘 알고, 유교에서 덕목을 삼은 가족 간의 효도와 우애를 실천하였다. 다시 말해 진묵대사의 전승에는 승려로서 속인과 같이 술도 먹고 고기도 먹는 반속반불승半俗半佛僧 모습으로 성聖과 속俗, 불교와 유교를 다 아우르는 대인大人으로 나타나는 특징을 가지고 있다.

곡차를 좋아하신 스님들의 이야기

4.

성파스님은 만해 한용운韓龍雲(1879~1944)* 스님도 곡차를 즐겨 하셨던 것 같다고 하셨다. 스님의 말씀에 의하면 한용운 스님은 김구하 스님의 비호 하에 통도사 안양암에 머무신 적이 있었다. 그때『불교대전』을 집필했다. 당시 통도사는 그를 강사의 역할을 맡겼다고 한다.

성파스님이 79년도 부산 해동고등학교 이사장이라는 소임을 맡았을 때 당시 교장이었던 김용호선생으로부터 직접 들었던 이야기라 하면서 다음과 같은 한용운 스님과 김구하스님의 일화를 들려 주셨다.

김용호선생이 통도사의 장학생으로서 혜화전문을 다니고 있었을 때의 일이다. 김구하 스님의 심부름으로 한용운 선생 댁을 찾아간 적이 있었다. 그때 전한 것은 봉투 2개이었다. 하나는 현금이 들어있었고, 또 하나는 편지가 들어있었다. 이를 받아든 한용운은 편지를 펼쳐 들었는데, 그것에는 아무것도 적혀 있지 않았다. 그럼에도 그와 같은 편지를 열심히 정성껏 읽더니 얼굴에 미소를 지으며, 뚝배기 한사발의 막걸리를 내어 놓더니 권하더라는 것이다. 이에 당황스럽고, 또 대단히 송구스럽게 생각한 청년 김용호가 머뭇거리고 있자 "네 이놈. 이렇게 해서 제대로 조선청년이 되겠느냐?" 하고 소리치더니 술잔을 넙적 들어 마셔버리더라는 것이다. 이를 보더라도

---

* 일제강점기 독립운동과 함께『조선불교유신론』,『님의 침묵』,『흑풍』,『후회』등을 저술한 승려. 시인, 독립운동가. 본관은 청주(淸州). 본명은 정옥(貞玉), 아명은 유천(裕天). 법명은 용운, 법호는 만해(萬海, 卍海). 충남 홍성 출신. 부친은 응준(應俊)이다. 유년시대에 관해서는 본인의 술회도 없고 측근에게도 잘 알려지지 않고 있다. 유년시대는 대원군의 집정과 외세의 침략 등으로 나라 안팎이 어수선한 시기였다. 그 불행한 시대적 배경과 사회적 여건은 결국 그를 독립운동가로 성장시킨 간접적 요인이 되었다고 볼 수 있다.[한국민족문화대백과사전]

한용운 스님도 그다지 곡차를 싫어하시지 않았던 것으로 보인다.

이같이 곡차에 관한 이야기가 무르익자, 스님은 분위기를 바꾸시려는 듯한 애주가의 이야기를 꺼내셨다. 그 애주가는 언제나 술을 큰 잔에다 마셨는데, 마실 때마다 두 눈을 꽉 감고 인상을 찡그리는 버릇이 있었다. 이를 지켜본 친구들이 "자네는 어찌 그런 표정으로 술을 마시는가?" 하자, 그는 "야 이 사람아. 술이 줄어드는 것을 얼마나 아까운지 차마 그것을 눈뜨고 못 봐주겠네. 그려."라 대답했다.

이 이야기로 한바탕으로 웃음꽃이 피자, 스님은 「차가 술을 대신한다以茶代酒」라는 말을 남기시고 홀연히 자리에 일어나 바깥으로 나가셨다. 이것으로 오늘 스님의 곡차론 수업은 끝이 났다.

월하계오의
석필과 곡차

1.

오늘도 스님은 다락방으로 들어오셨다. 그러자 회원들이 스님의 주위에 둘러앉았다. 다담이 시작되었다. 이때 내가 짓궂게 "통도사의 오랜 역사 가운데, 진묵선사와 같이 학문도 뛰어나시면서 곡차를 즐겨 하신 스님은 안계셨습니까?" 하고 여쭈었다.

그러자 스님은 통도사 말사인 석남사에 월하계오月荷戒悟(1773~1849)스님*이 계셨다고 하셨다. 저서로는 『가산집伽山集』이 있어 가산스님이라고

---

* 속성은 안동(安東)권씨. 자는 붕거(鵬擧), 호는 월하(月荷). 부친은 모현(慕賢)이며, 모친은
   밀양 박씨이다. 어려서부터 매우 총명하여 7세 때 하루에 1,000여 언(言)씩을 외웠으며, 시에도

부르기도 한다.

2. 석필문화

석남사 계곡에서 흐르는 물이 언양을 거쳐 작천정에 이른다. 그 계곡에
는 내리반석이라 하여 큰 바위가 많기로 유명하다. 그곳에 날씨가 좋은
날 가끔 통도사 승려들이 놀러가 칡뿌리로 만든 붓을 들고, 바위에 글씨를
쓰며 하루를 즐기는 문화가 있었다. 다시 말해 이들에게는 물이 먹이요,
바위가 종이였으며, 칡이 붓이었다. 그때 승려들은 한 일자 물 위에 그으면
그것이 막대기가 되어 흘러가고, 바위에 쓰면 3치가 패인다는 기백으로
글씨를 썼다. 이를 석필이라 하는데, 그러한 전통이 경봉스님 때까지 있었다

능숙하여 사람들을 놀라게 하였다. 11세에 어버이의 뜻에 따라 출가하여 팔공산에서 월암(月庵)
의 제자가 되었으며, 그 뒤 침허(枕虛)에게서 구족계(具足戒)를 받고 우기(祐祈)의 법을 계승했
다. 20세에 당(堂)을 열어 학인을 지도하였고, 유학자들과 교유하면서 필체나 시문으로 이름을
떨치기도 하였다. 한때 홍직필(洪直弼)이 그의 인품과 학덕을 높이 평가하고 환속하여 벼슬을
하도록 권유하였으나, 출가야말로 대장부가 할 일이라는 서신과 함께 승복을 벗을 수 없음을
천명하였다. 또 효심이 지극하여 자기의 토굴 곁에 따로 방을 마련하여 어머니를 봉양했으며,
노모의 눈이 어두워지자 지극한 마음으로 기도하여 시력을 회복시키기도 하였다. 울산석남사
(石南寺)에 있을 때는 밤에 참선하고 낮에는 옥류계곡에서 물을 먹물로 삼아 글씨를 연습하여
명필이 되었다. 그 뒤 비문과 편액 등 많은 작품을 남겼으며, 특히 『천자문』을 초서로 써서
판각한 것은 유명하다. 60세 이후로는 시문이 수행정진에 방해가 된다 하여 붓을 놓고 염불과
참선에만 전념하였다. 77세로 가지산 석남사 연등정사(燃燈精舍)에서 입적하였다. 그는 부휴
선수(浮休善修) - 벽암 각성(碧巖覺性) - 모운 진언(暮雲震言) - 보광 원민(保光圓旻) - 회암 정
혜(晦庵定慧)로부터 탈원(脫遠) - 선옥(禪玉) - 위심(偉心)으로 이어지는 부휴계 법맥을 이었
다. 저서는 모두 12권이 있었으나 『가산집(伽山集)』 4권만 전하며, 석남사에는 초서체 '천자문
판각'이 보관되어 있다. [한국민족문화대백과사전]

고 하셨다.

특히 석필로 유명했던 분은 계오대사이었다. 대사의 제자가 된 선비만
해도 3백여 명이 된다고 할 정도로 그의 학문은 인근에 널리 알려져 있었다.
그에게는 「내리 3년」, 「올려 3년」이라는 말이 있다. 이 말은 그가 석남사에서
내려오면서 3년간 계곡의 바위에 글씨를 쓰고, 다시 올라가면서 3년을 글을
썼다는 것에서 생겨난 말이다. 이러한 피나는 훈련을 거쳐 이룩한 것이므로
그의 글씨는 한석봉보다 낫다는 평이 있었다고 전해진다.

3. 계오스님의 곡차시

한편 그는 애주가였다. 하루는 언양에서 술을 거나하게 드시고 다음과
같은 시를 남겼다.

白酒三盃力	막걸리 석 잔의 힘으로
青山十里行	청산의 십리를 가네
遙望何處寺	멀리 바라보니 어느 절이 (내 갈 곳인가)
岩下暮煙生	바위아래 저녁연기가 피워 오르네

즉, 내가 돌아갈 곳은 계곡을 따라 가야 나오는 절이라는 뜻이다. 이를
두고 스님은 수행의 목표지이자 「견성見性」이라 해석하셨다.

깊은 뜻은 정확히 모르지만 쓸쓸함을 꾸밈없이 소박하게 표현한 것에
놀라웠다. 그리고 주변에서도 감탄의 소리가 연이어 터져 나왔다. 그러자

월하계오의 석필과 곡차

스님은 슬쩍 화제를 돌렸다.

옛날 스님들은 모두 걸어 다녔다. 걸음이 늦다 하더라도 "오줌 누는 시간에 10리 간다."는 말이 있듯이 걷는 것이 익숙해져 있으면 걷다보면 어느덧 멀 리가 있게 된다고 했다. 그리고 "건너다보면 절터"라는 말에서 보듯이 산세를 살피는 데도 뛰어난 재질을 가지고 있기 때문에 산사를 찾아가는 데 익숙해있다고 했다. 스님 자신도 한때 운수행각을 한 적이 있다고 했다. 그때는 쌀을 걸망에 넣고 다니다가 밥을 할 수 없으니 물에 담군 쌀을 싸가지고 다니며, 그것을 먹고 길을 떠나곤 했다 한다.

이 말을 들으니 위의 시는 또 다시 다른 느낌으로 다가왔다. 계오스님은 돌아갈 곳이 석남사라는 목적지가 있었다. 그러나 그러한 목적지가 없는 나그네 스님이라면 그 시간에 어떤 심정일까? 잘 곳이 없는 나그네 앞에 펼쳐진 것은 어두워가는 고요함 속에 산자락 바위 아래 피어오른 저녁연기이다. 바로 그곳이 오늘밤 묵어야 할 곳이라고 생각하고 외로운 발길을 석잔의 술의 힘으로 찾아간다는 것으로도 받아들여진다. 그곳은 나에게는 한 가닥의 희망과 좌절이 뒤섞여 있는 곳으로 비쳐지는데, 스님은 깨달음을 얻는 수행의 목표지이자 견성의 세계로 보신 것이다.

곡차의
본래 의미

1.

오늘은 일요일이어서 토굴은 더욱 조용하다. 그런데 오후가 되자 바깥에서 적막을 깨는 소리를 들렸다. 한 남성이 설치해놓은 화덕에 시자스님과 함께 피자를 굽느라고 분주했다. 최근 토굴 앞에 피자 화덕이 생겼다. 아마 이 남성이 설치해놓은 것 같다. 산 속 암자와 피자란 언뜻 보기에는 어울리지 않는 것 같지만, 전통과 첨단이 만나는 접점을 이루는 것 같아 그다지 이상하게 느껴지지 않았다.

스님은 나를 피자파티에 초대했다. 초대라기보다는 피자를 들고 아예 다락방으로 들어오셨다. 마침 그때 두 명의 회원 부부가 통도사에 다락방을 찾아왔다. 이들 부부가 다담에 가세하여 이야기는 무르익었다. 그러다 보니 남성들로부터 자연스럽게 곡차에 관한 이야기가 나왔다. 그러자 한 여성회원이 분위기를 부드럽게 하기 위해 일부러 "곡차 좋아하는 남편과 사는 것이 괴롭다."며 투정 아닌 투정을 부리자, 스님은 은근히 남성편을 들어 "술은 상대에 따라 의미도 맛도 달라진다."고 하시며 다음과 같은 글귀를 쓰셨다.

酒逢知己千鍾少
술은 나를 아는 친구를 만나면 천잔 술도 적다.

이 말은 아마도 『명심보감明心寶鑑』의 「언어편言語篇」에 나오는 "주봉지기천종소酒逢知己千鍾少요, 화불투기일구다話不投機一句多(술은 나를 아는 친구를 만나면 천잔 술도 적고, 말은 뜻에 맞지 않으면 한마디 말도 많도다)"에서 인용하신 것 같다.

2.

그리고 이어서 옛 말에 다음과 같은 말이 있다며 글씨를 노트에 적어셨다.

我有斗酒 藏之久矣라 以待子不時之需
제게 술 한말이 있는데, 저장해둔 것이 오래되었습니다. 그대의 불시不時의 쓰임을 기다리고 있었습니다.

곡차의 본래 의미

이렇게 글씨를 쓰시고는 붓펜을 내려놓으시더니 술꾼 아내는 이 정도 되어야 한다고 하셨다. 즉 아내는 남편이 말을 하지 않아도 찾을 것을 대비하여 미리 준비해두어야 한다는 마음가짐이 있어야 한다는 뜻이다. 이 글귀는 소동파蘇東坡의「후적벽부後赤壁賦」에 나오는 이야기이다. 그 부분을 잠시 소개하면 다음과 같다.

이 해(임술년) 10월 보름에 설당雪堂으로부터 걸어 나와서 임고정臨皋亭으로 돌아가려 할 때에 두 객客이 나를 따라왔다. 황토 언덕을 지나니 서리와 이슬이 이미 내리고 나뭇잎이 다 떨어졌으므로 사람의 그림자가 비쳐 땅에 있기에 우러러 밝은 달을 보았다. 돌아보고 즐거워하여 길을 걸으며 노래 부르면서 서로 화답하였는데, 이윽고 탄식하여 말하기를 "객이 있으면 술이 없고 술이 있으면 안주가 없구나. 달은 밝고 바람은 시원한데, 이처럼 좋은 밤에 어찌 한단 말인가?" 하자, 객이 말하기를 "오늘 저녁 무렵에 그물을 들어 고기를 잡았는데, 입이 크고 비늘이 가늘어 모양이 송강松江의 송어와 같습니다. 다만 어느 곳에서 술을 구하겠습니까?" 하였다. 내가 돌아와서 부인에게 상의하니, 부인이 말하기를 "내가 한 말 술을 두어 보관한 지가 오래되었습니다. 그대의 불시不時의 쓰임을 기다리고 있었습니다." 하였다.
是歲十月之望, 步自雪堂, 將歸于臨皋, 二客從予, 過黃泥之坂, 霜露旣降, 木葉盡脫. 人影在地, 仰見明月. 顧而樂之, 行歌相答, 已而歎曰, 有客無酒, 有酒無肴. 月白風淸, 如此良夜何. 客曰, 今者薄暮, 擧網得魚, 巨口細鱗, 狀如松江之. 顧安所得酒乎. 歸而謀諸婦, 婦曰, 我有斗酒, 藏之久矣. 以待子不時之需.

이같은 이야기를 소개하면서 술꾼은 "인가유주포손래隣家有酒抱孫來(이

웃집에 술이 있으면 손자 안고 온다)"는 말처럼 어떤 핑계를 대어서도 술 있는 집을 찾기 마련이며, 그에게 술을 권하면 「유두출수搖頭出手(고개를 흔들며 손을 내밀다)」는 말처럼 고개를 좌우로 흔들며 자신도 모르게 손은 뻗쳐 술잔을 받는다고 한다. 그것과 같은 말로서는 양주목사讓酒目射(술은 사양하면서도 눈은 잔을 쏘아보고 있다)는 말이 있다고 하셨다. 이 말을 듣고 모두 박장대소하였다.

3.

그러자 스님은 분위기를 반전하듯이 다음과 같은 한시를 적어내려 가셨다.

搔頭起坐斂容顔	머리를 들고 일어나 앉아 얼굴을 쓰다듬고
誰送吾身在此間	누가 나의 몸을 이곳에 보냈는가
黃葉斜陽俄小店	누른잎 해가 질 무렵 조금 전만 해도 주막에 있었는데
白雲明月是空山	흰 구름 밝은 달이 공산에 있고
昏昏夢若前生過	홀연히 꿈에서 전생을 지나온 것 같고
寂寂魂能不死還	적적이 혼은 죽지 않고 돌아왔네
傾倒歸家妻獨待	앞으로 넘어지면서 집으로 돌아와 보니 아내가 홀로
廚燈一点半開關	부엌에 등불 하나 켜놓고 사립문을 반쯤을 열어놓고 기다리고 있네.

곡차의 본래 의미

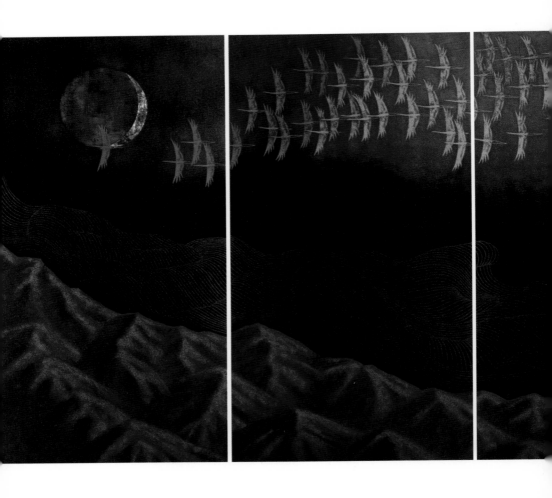

196

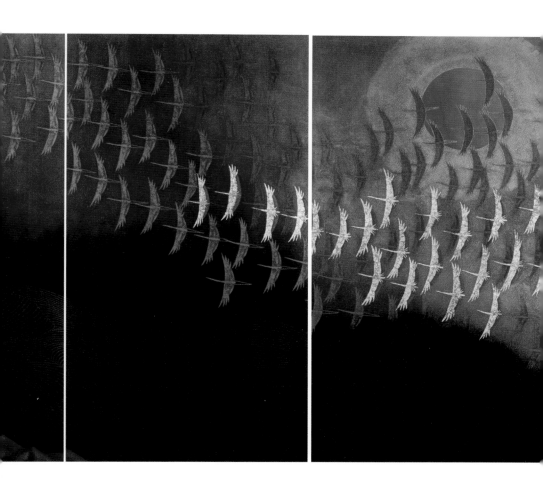

197

이 시가 스님에 의해서 해설되자 모두 감탄했다. 특히 남편을 기다리는 아내의 심정을 나타낸 맨 마지막 구절이 백미인 것처럼 느껴졌다. 그리고 분위기가 숙연해지자 유교에 있어서 술이 차지하는 위치가 크다 하시면서 다음과 같은 글귀를 적으셨다.

교천예묘郊天禮廟는 비주불형非酒不亨이요, 군신붕우君臣朋友는 비주불의非酒不義요, 투쟁상화鬪爭相和는 비주불권非酒不勸이라 고故로 주유성패불가범음지酒有成敗不可泛飮之니라

이 글은 사마천司馬遷*의 『사기史記』에 나오는 것으로 그 뜻은 "하늘에 제사를 지내고 사당에 제례를 올림에도 술이 아니면 제물을 받지 않을 것이요, 임금과 신하, 벗과 벗 사이에도 술이 아니면 의리가 두터워지지 않을 것이요, 싸움하고 서로 화해함에도 술이 아니면 권하지 못할 것이다. 그러므로 술은 성공과 실패를 얻는 것으로 가히 함부로 마시지 못하느니라."는 것이다. 그러시면서 맨 마지막 구절을 인용하여 남편들에게 술은 너무 심하게 마시지 말고, 곡차를 좋아하는 남편에 대해서도 너무 타박하지 말라고 당부하시면서 자리에서 일어나 토굴로 내려가셨다.

---

* 중국 전한시대(前漢時代)의 역사가. 『사기史記』의 저자. 산서성 용문(龍門) 출신. 자는 자장(子長). 주대(周代)의 기록담당인 사마씨(司馬氏)의 자손. 부친은 태사령(太史令)의 사마담(司馬談)이다. 그는 부친의 벼슬을 물려받아 복무하였다. 태사공(太史公)이라고 불리기도 했다. 후에 이릉(李陵) 사건에 연루되었다. 이릉 장군이 흉노와의 전쟁에서 중과부적으로 패배한 이릉을 변호하다 무제의 노여움을 사서 궁형을 받았다.

6

차 한잔으로 도를 논하다

승려들의
전통 제다법

•

오늘도 나의 다락방에 차와 관련된 사람들이 모여 들었다. 스님도 들어오시어 자연스럽게 다담으로 발전했다. 한 회원이 스님에게 "스님은 언제부터 차와 관련을 가지게 되었는지요?"라고 물었다. 그러자 스님은 지난날을 회고하시면서 자신과 차와 관련하여 다음과 같은 말씀을 하시었다.

스님이 출가하실 때만 하더라도 우리나라 사찰에서는 차문화가 제대로 정립이 되어 있지 않았다. 통도사도 마찬가지였다. 그렇다 하더라도 완전히 끊어진 것은 아니었다. 당시 해산海山(1910~1980)스님*은 차잎을 따다가 된장

---

*   속명은 경출(庚出), 법명은 수진(守眞)이며 당호가 해산이다. 경북 청도군 매전면 신촌리 구촌마을 출신. 부친 정관영(鄭觀永) 모친 안동권씨의 4남 1녀 중 장남. 1926년 17세 때 청도 운문사 사리암에 입산했다가, 표충사 내원암 담월(潭月) 스님 문하로 출가. 1928년 표충사 해담스님을 계사로 사미계를 받는다. 1948년에서 1954년까지 통도사 조실로서 후학 지도했다. 1980년 광성사에서 세수 71세, 법랍 55세로 입적했다.

을 끓일 때도 넣어서 먹었고, 나물로도 무쳐 먹었다. 그리고 개별적으로 제다하여 약용으로 음용하는 분들도 여러 분 계셨다고 한다.

이같이 사찰에서 차문화가 쇠퇴해진 것을 안타깝게 생각하고 있던 스님은 63년경 차에 대한 관심을 가지고 본격적으로 차 공부를 해야겠다는 생각으로 지리산 불일암佛日庵에 계시는 혜월慧月 노스님에게 찾아가 차를 배웠다. 아마 하동 쌍계사 근처 「조태연가」가 차를 하기 전에 일이다. 당시 혜월 노스님은 토굴에서 홀로 정진하고 계셨는데, 매우 특이한 식생활을 하셨다. 옹기그릇에 밥을 안쳐 군불 때는 솥에 얹혀 놓고 해먹었다. 소위 중탕이었다. 그 스님은 특이하게도 그 밥을 숟가락으로 3등분하여 한 덩이씩 한 끼의 식사로서 드셨다. 반찬은 단 한 가지이었다. 그 스님 곁에 있으면서 그 스님이 하시는 차를 만드는 법을 지켜보게 되었다.

혜월스님은 아침 일찍 이슬이 있을 때 차 잎을 따서 아궁이에 불을 뜨겁게 때어 솥을 달군 다음 그 안에다 차를 넣었다. 솥은 차 덖기 위해 특별히 주문하여 만든 것이 아니라 그냥 일반적인 군불 때든 가마솥이었다. 달구어진 솥에 차를 넣자, 차의 물기로 인해 '지르르' 소리를 내며 김이 올라오면, 살짝 덖어 숨을 죽였다. 그리고 차잎을 소쿠리에 담아서 방안으로 가지고 들어와 문을 닫고 깨끗한 골자리를 깔고 그 위에서 차를 놓고 유념했다. 그때 주의할 것은 절대로 찻잎에 상처를 내어서는 안 된다고 했다. 그러므로 아주 부드럽게 다루었다. 그런 다음 다시 솥에 넣어 덖었다. 이러기를 5, 6번 반복한 연후에 뜨근뜨근 한 밀폐된 온돌방의 아래 구들목에 깔아두고 말렸다. 중요한 것은 통풍을 시켜서는 안 되며, 차에 상처를 내어서는 안 되는 것이었다. 그러므로 아무리 날씨가 더워도 방문을 열지 않았다. 그렇게 차를 만드는 것을 본 적이 있다고 하셨다.

승려들의 전통 제다법

여기까지 들은 한 회원이 스님에게 "통도사에는 전통 제다법이 있었습니까?" 하고 묻자, 스님은 특별히 없다고 하셨다. 그러자 또 다른 회원이 "그렇다면 사원에서 내려오는 제다법은 없는 것입니까?" 하자, 스님은 그것에 대해서는 자세히 알 수 없으나, 광제사 원행스님으로부터 대흥사에서 내려오는 제다법에 대해서 들었다 하시면서, 그것에 대해 다음과 같이 설명하셨다.

먼저 딴 차 잎을 찬물에 씻은 후 시들시들할 정도로 햇빛에 말린다. 살짝 유념하여 또 햇빛에 말린다. 그런 다음 깨끗한 종이를 온돌방 구들묵에 깔고 그 위에다 차를 놓고 헝겊으로 덮어두면 2, 30분 후 발효가 되기 시작한다. 그리하여 1시간 정도면 차가 완성된다. 그것을 옹기그릇에 담아서 보관한다. 이러한 차는 오래가면 갈수록 차맛이 좋아진다. 여기서 주의할 점은 고온에 덖으면 떫은맛도, 쓴맛도 없어진다는 것이다.

그러시면서 정해진 제다법은 없다. 사찰마다 각기 다른 제다법을 가지고 있었을 것이라고 하시면서 다음과 같은 방법을 제시하셨다.

즉, 나물을 가루로 만들어 먹는 방법이 있는데, 이것을 제다에 적용하면 좋겠다고 하시면서, 가령 오가피 잎을 따서 팔팔 끓는 물에 넣어 빨리 익혀서 (기절만 시켜) 건져낸 것을 소량의 소다를 탄 찬물에 넣어서 저으면서 식힌다. 그리고 그늘에서 완전히 말린 연후에 가루를 내면 1년 내내 파란 색이 변하지 않는다. 보관도 어느 용기에도 넣어서 보관해도 좋다. 중국에서는 연잎으로 그렇게 하는 것을 보았다. 그들은 그것으로 무엇에든 썼다. 밀가루 반죽, 밥, 죽 등에도 넣어서 먹었다. 차, 쑥, 봄나물 등에도 그 방법을 적용하여 만들면 좋을 것 같다. 그렇게 만들어진 차는 언제 어디서나 편안하게 먹을 수 있는 식자재로 탈바꿈이 될 것 같다고 하셨다.

달빛차회와
강강수월래

1.

통도사 서운암에는 행사가 많다. 매년 봄이면 「서운암 들꽃축제」, 「천연염색축제」도 있고, 또 「전국문학인 꽃축제」 등 그야말로 다양하다. 그에 따라 스님도 무척 바쁘시다. 매년 성파시조문학상을 제정하여 40여 년간 시인들에게 상을 수여하고 있다. 그 뿐만 아니다. 해마다 「화중련火中蓮」이라는 시인들의 시집을 매년 출간하고 있다. 이처럼 서운암에는 문화행사가 많다.

차와 관련해서도 몇 년 전만 하더라도 달빛차회가 여러 번 개최된 바가 있었다. 달빛차회란 계절적으로는 봄과 가을에 날짜는 보름달이 떠오르는 날에 야외에서 찻자리를 여는 것을 「달빛차회」라 한다. 그것과 관련하여 한 회원이 스님에게 "달빛차회는 달과 관련되어 있는데, 불교에서 본다면 어떤 의미가 있는지요?"라고 물었다. 그 물음은 매우 소박하였지만, 중요한 의미가 있는 것 같아 숨죽여 대답을 기다렸다.

2.

그러자 스님은 풍류로서 달빛을 즐긴다면 이를 적절히 표현한 한시가 있다 하시며 다음과 같은 시를 적어셨다.

花落庭前憐不掃　　뜰 앞에 떨어진 꽃잎은 가련하여 쓸어내지 못하고,
月明窓外愛無眠　　창문에 비치는 밝은 달은 사랑스러워 잠 못이루네.
花前酌酒呑紅色　　꽃 앞에 술 따르니 붉은 색을 삼키고,
月下烹茶飮白光　　달 아래 차 달이니 흰 빛을 마시네.

이 시는 조선 명종 때 문신인 하서河西 김인후金麟厚(1510~1560)*가 중국

---

*　전라남도 장성 출신. 본관은 울산(蔚山). 자는 후지(厚之), 호는 하서(河西)·담재(湛齋). 아버지는 참봉 김령(金齡)이며, 어머니는 옥천 조씨(玉川趙氏)이다. 1519년(중종 14) 김안국(金安國)에게서 『소학』을 배웠다. 1531년 사마시에 합격하고 성균관에 입학하였으며, 이때 이황(李滉)과 교우 관계를 맺고 함께 학문을 닦았다. 1540년 별시문과에 병과로 급제하여 권지승문원부정자(權知承文院副正字)에 임용되었으며, 이듬 해 호당(湖堂)에 들어가 사가독서(賜暇讀書)하고, 홍문관저작(弘文館著作)이 되었다. 1543년 홍문관박사 겸 세자시강원설서·홍문관부수찬이 되어 세자를 보필하고 가르치는 직임을 맡았다. 또한 기묘사화 때 죽임을 당한 제현(諸賢)의 원한을 개진하여 문신으로서 본분을 수행하였다. 그 해 부모의 봉양을 위해 옥과현감(玉果縣監)으로 나갔다. 1544년(중종 39) 중종이 죽자 제술관(製述官)으로 서울에 올라왔으나, 1545년(인종 1) 인종이 죽고 곧이어 을사사화가 일어나자, 병을 이유로 고향인 장성에 돌아가 성리학 연구에 전념하였다. 그 뒤 1554년까지 성균관전적·공조정랑·홍문관교리·성균관직강 등에 제수되었으나 사직하고 나아가지 않았다.

207　　　　　　　　　　　　　　　　　　　　달빛차회와 강강수월래

칠언고시七言古詩 중 연구聯句 100수를 뽑아 한글로 번역한 한시漢詩 입문서 『백련초해百聯抄解』에 수록된 시이다. 이때 연구란 한 사람이 각각 한 구씩 지어 이를 합하여 만든 시를 말한다. 이 시는 꽃과 달을 사랑한 선비의 마음이 고스란히 담겨져 있다.

그런데 중요한 것은 이 시에서는 시인은 차를 마시면서, 그는 차가 아니라 달빛을 마신다고 말하고 있다. 이러한 마음이 달인의 경지에 다다른 다인이다. 세세한 다법은 그다지 중요하지 않다. 그것에 얽매여서는 본질을 놓친다. 그것을 놓고 논쟁을 벌이는 것은 그야말로 구상유치의 단계에 머물러있다고 하지 않을 수 없다.

3.

불교에서 달에 대한 해석은 보다 적극적이다. 특히 달 중 보름달 만월滿月은 원각圓覺을 의미한다. 원圓은 완성, 각覺은 깨달음, 즉, 원각이란 완전한 깨달음이자, 부처님 마음이다. 이를 강조한 경전이 『원각경圓覺經』이다.

이를 활용하여 불교가 만든 놀이가 「강강수월래」이다. 이 놀이는 정월 보름에 한다. 보름은 달마다 있으나, 특히 정월 보름은 1년 중 첫 보름이기에 그 의미가 크다. 이미 잘 알려져 있듯이 우리의 전통사회에서는 이를 「강강술래」라 하는데, 본래 절에서 유래된 「강강수월래」에서 비롯된 것이다.

정월 보름날 선방禪房에서 해제하는데, 그 전에 도를 다 깨쳐야 되는데, 그 날까지도 미처 도를 깨치지 못한 사람들을 위해 모두 도를 다 깨치도록 하는 행사가 「강강수월래」이다. 몇 구절을 소개하면 다음과 같다.

江江水月來	강마다 물이 차 오른다
千江有水千江月	천강에 물이 있으니 천강의 달이며
萬里無雲萬里天	만리에 구름 없으니 만리의 하늘이로다

　　이러한 내용은 「장엄염불」의 게송에서 나온 말이다. 이를 놀이화하면 「천강유수천강월 나무아미타불/ 만리무운 만리천 나무아미타불」라고 부르며 원을 그린다. 손에 손잡고 원을 그리며 춤추는 것은 원만한 보름달을 그리는 것과 같다. 이것이 바로 만월이며 결함 없이 두루 깨친다는 원각을 의미한다. 『원각경』도 그러한 의미에서 붙여진 이름이다. 이 놀이가 점차 민간화된 것이 「달떠온다 달떠온다 강강수월래/ 월출동산에 달떠온다 강강수월래」라는 내용의 노래로 바뀐 것이다.

　　그러나 그 원류는 불교의 놀이이며, 그 놀이를 통하여 깨달음의 세계로 가자는 것이 그 속에 들어있다. 그러므로 사람들이 그리는 원은 만월이요, 원각이며, 그것을 통해 모두 함께 깨닫자는 것으로 해석하는 것이 옳다. 그것과 관련이 있는 또 한편의 시가 있다.

無窮岩下泉	끊임없이 흘러나오는 바위 밑의 샘은
普供山中客	산 중에 사는 벗들에게 널리 공양하오니
各持一瓢來	저마다 표주박 하나씩 가져와서
總得全月去	모두 다 둥근 달 가져가시게나

　　원래 이 시는 추사秋史 김정희金正喜의 부친 김노경金魯敬(1766~1837)*의 시이다. 첫 구인 「무궁암하천無窮岩下泉」은 본래 「무진산하천無盡山下泉」으로

되어있고, 또 2구에서 객客은 려侶로도 표시되기도 한다. 그 뜻은 모두 같다.

스님은 이 시를 강강수월래와도 통하는 시라고 하셨다. 즉, 무궁무진하게 흘러나오는 샘물은 산을 찾는 사람들에게 무한히 베푸는데, 각자가 표주박을 가지고 와서 그것에 샘물을 담으면 달도 함께 담기게 되며, 모두 달을 가지게 되듯이 다 같이 깨달음의 세계로 가자는 의미로 볼 수 있다. 이같이 보았을 때 강강수월래는 단순한 달놀이가 아니다. 일본인은 다도를 가지고 부처의 가르침을 보급하고 깨달음의 세계로 가자고 하였으나, 우리는 그것을 달놀이로서 구체화시킨 것이 강강수월래임을 알 수 있다. 달빛차회도 이러한 의미를 두고 열려야 한다. 모두가 마시는 찻잔에 달이 담기듯 각자의 잔에 깨달음을 담아서 가지고 가야 진정한 달빛차회라고 할 수 있다.

이렇게 뜻있는 이야기로 무르익어 갈 무렵 시간이 어느덧 9시가 되어 자리를 파할 수밖에 없었다. 스님은 우리들에게 다도를 제대로 다도다운 다도를 하기 위해 오늘도 쓸데없는 말을 했다고 하시면서 차를 몰고 어둠 속으로 모습을 감추셨다.

* 참고로 전남 보성군 대원사의 현장스님도 대원사의 홈페이지 「스님 설법」에서 「강강수월래」가 불가에 부처님의 공덕을 기리며 손에 손을 잡고 하나의 생명을 찬탄하는 노래와 춤이라 하면서 그 내용을 다음과 같이 공개한 적이 있다.

* 조선 후기의 문신. 자는 가일(可一). 호는 유당(酉堂). 이조 · 예조 · 병조 판서, 대사헌 등을 지냈으며, 글씨를 잘 써 아들 김정희에게 큰 영향을 주었다. 작품에 신라 경순왕 전비(新羅敬順王殿碑)의 비문 따위가 있다.

저허공에 달밝으면 강물마다 달그림자 강강수월래

중생마음 정화되면 부처마음 나타나네 강강수월래

밤하늘에 달밝은건 구름걷힌 까닭이요 강강수월래

이마음이 밝아진건 염불공부 덕분일세 강강수월래

달은비록 하나지만 일천강에 비추이듯 강강수월래

염불하는 중생마다 부처님이 함께하네 강강수월래

보름달이 둥근것은 초승달이 시작이요 강강수월래

천리먼길 도달함은 첫걸음이 시작일세 강강수월래

이산저산 흐르는물 한바다로 들어가고 강강수월래

천만선행 일체공덕 극락정토 향함일세 강강수월래

미타일념 돈독하여 일구월심 오래하면 강강수월래

사량분별 끊어지고 인아사상 무너지네 강강수월래

높은하늘 둥근달이 강물위에 비추지만 강강수월래

달이실로 온바없고 물도실로 간바없네 강강수월래

내마음이 산란해서 부처님을 못보다가 강강수월래

염불일념 뚜렷하니 부처달이 나타나네 강강수월래

만덕존상 아미타불 찰나간에 뵙게되고 강강수월래

십만억토 극락세계 마음속에 나타나네 강강수월래

마음밖에 극락없고 극락밖에 마음없네 강강수월래

내성품이 아미타불 내마음이 극락정토 강강수월래

다반향초와 십자가의
의미

1.

오늘은 토굴이 조용했다. 한두 명씩 다락방으로 들어오기 시작하더니
어느덧 나를 포함하여 4명이 되었다. 조용히 차를 마시고 있는데, 스님도
들어오셨다. 그리하여 자연스럽게 다담시간이 이루어졌다. 최근 스님은
햇차 제다, 수중전시회, 성파시조문학회, 염색축제 등의 준비로 눈코 뜰
새 없이 바쁜 나날들을 보내고 계신다. 다락방에서 잠시라도 느긋하게 차를
마실 시간도 제대로 누리지 못하고 계신다. 그러한 스님의 일련의 활동을
지켜본 한 회원이 "스님의 모든 일은 수행으로 연결되는 것 같습니다. 그렇지
요?"라고 하자 스님의 다담법회가 시작되었다. 그 내용을 요약하면 다음과
같다.

2. 사람은 발광체가 되어야 한다.

　　사람은 빛을 받는 수광체가 아닌 빛을 발하는 발광체가 되어야 한다. 학문, 수행, 종교도 모두 그러하다. 끝내는 발광체까지 가야한다. 그곳까지 가기 위해 사람들은 여러 가지 방법으로 노력을 하고 있는 것이다. 평생동안 고해를 건너는 것도 바로 그러한 노력이다. 고해를 건너 피안을 건너는 것이나, 자신이 갈고 닦아 발광체가 되는 것이나 모두 같다. 범부를 혁신시켜 성인이 되게 한다. 성인은 따로 있는 것이 아니다. 범부가 성인이 되는 것이지 성인의 종자가 따로 있는 것이 아니다. 부처도 종자가 따로 있는 것이 아니다. 범부가 깨달으면 부처가 된다. 모든 것이 하나로 꿰었다. 아무리 많아도 하나로 다 꿰어진다. 그러므로 동서양 학문, 어떤 종교와 막론하고 궁극적으로 가면 모두 하나로 통한다. 거기까지 도달하기 위해서 여러 가지 말들을 하는 것이다. 선가에서 흔히

　　天上有星皆拱北　　하늘의 별은 모두 북두성을 따르고,
　　家家門外通長安　　집집의 문밖은 장안과 통한다

라는 말을 자주 사용한다. 모든 별은 북두성과 통하듯이 장안은 한곳이지만, 어느 집이나 서울 가는 길이 있다는 뜻이다. 가기 전에는 여러 가지 표현들이 다를 수가 있다. 그러한 사정을 알고 사물을 보거나 관찰하여야 제대로 보이는 것이다. 그러므로 기점이 필요하고 꼭 필요하다고 생각한다.

3. 십자가와 불상의 의미

기독교에서 사용하는 예수의 십자가도 그렇게 보아야 한다. 그것은 예수가 못에 박혀 있다는 것을 나타내는 것이 아니다. 진리의 표현을 그렇게 한 것이라 생각한다. 세상의 모든 진리는 수평과 수직으로 구성되어있다. 수평과 수직의 중간점이 십자가이다. 그곳은 다름 아닌 진리의 정점이며, 우리가 도달해야 할 목표지이다. 그러한 설명을 중생들에게 일일이 말로 표현할 수가 없다. 구구절절이 설명해도 전달되지 않을뿐더러, 알아듣기도 어렵다. 그러므로 십자가에 못이 박힌 예수상으로 표현하고 방편으로 기도하라고 지도하는 것이다. 그곳에는 예수가 없다는 것을 알아야 한다. 이는 불교도 마찬가지이다. 절 집안에서 이러한 이야기가 있다.

어느 절에 한 객승이 저녁 늦게 찾아왔다. 갑작스럽게 방문하였기에 특별히 그를 위해 내줄 군불을 뗀 방이 없었다. 그리하여 할 수 없이 그를 일꾼들이 사용하던 방이 비어있어서 그곳에 자라고 권했다. 그날따라 방이 몹시 추웠다. 그는 새벽에 일어나 법당에 들어가 불상을 가지고 나왔다. 그 불상은 나무불이었다. 그는 그것을 부엌 아궁이에 넣고 불을 떼고 있었다. 스님들이 새벽에 일어나 아침 예불 드리기 위해 법당에 들어가 보니 불상이 보이지 않았다. 이를 보고 놀라 야단법석을 떨면서 찾았더니, 그 객승이 부지깽이로 아궁이 속을 뒤집고 있었다. 승려들이 몰려 들어가 그를 향해 "도대체 지금 무슨 짓을 하는 것이냐?" 하고 소리치자, 그는 태연하게 "지금 나도 부처를 찾고 있소. 분명히 부처가 이곳에 들어가 있는데, 보이지 않는구려." 하고 대답하는 것이었다. 이에 화가 난 승려들이 달려들어 혼을 내주려고 하자, 한 노스님이 나서서 "이 스님은

行到水窮處
坐看雲起時

性坡

도인이시다. 어서 안으로 뫼셔라."라고 했다. 그리고 그 객승을 정식으로 모시고 법문을 들으며 정중히 모셨다는 이야기가 있다.

이 이야기에서 보듯이 나무로 만든 불상에 부처는 없다. 그것은 어디까지 상징물에 불과하다. 어디까지나 본질을 보아야한다. 그러나 처음부터 본질로 들어가기란 대단히 어렵다. 어느 종교이든 맹종하고 맹신하는 자가 있기 마련이다. 그것을 나무라고 말하지 않는 것은 그렇게라도 해야 어느 정도 질서가 유지되기 때문이다. 그렇지만 그것이 궁극적 목적이라 할 수 없다는 것은 앞에서 말한 것과 같다. 핵심을 파악하지 않으면 안 된다는 것이다. 이것은 다도에도 적용할 수가 있다.

4. 다도의 핵심은 「다반향초茶半香初」이다.

차茶를 하는 사람이 꼭 알아야 하는 것이 「다반향초茶半香初」라는 말이다. "차가 반으로 줄어들어도 향은 처음과 지금이 똑같다."는 말이다. 다시 말해 마시는 차는 마심에 따라 변화가 일어나지만, 향은 처음부터 마지막까지 변함이 없다는 의미이다. 이것이 매우 중요하다. 여기서 차는 물체이고, 향은 진리이다. 즉, 찻물은 많을 수도 있고, 줄어들 수도 있는 것이지만 향은 진리와 같이 변함이 없다는 것이다. 고춧가루도 마찬가지이다. 매운맛이 고춧가루의 생명이듯이 그것이 없으면 고춧가루가 아니다. 차도 변하지 않는 향이 없으면 차가 아니다. 추사도 그러한 말을 쓴 적이 있다.

(1) 靜坐處茶半香初   고요히 앉아 있으면 차는 반이 줄어도 향은 처음과 같고
(2) 妙用時水流花開   묘용할 때는 물 흐르고 꽃 피는 것과 같다.

(1)은 체體이고, (2)는 용用이다. 체는 사물(구조)이고, 용은 쓰임새(기능)이다. 자동차는 그 자체가 체인데, 굴러가는 것은 용이다. 모든 사물에는 체와 용이 있다. 학문도 체와 용을 알아야 제대로 했다고 할 수 있다. 자꾸 말하면 논리가 되고, 그것을 기록하면 문학이 된다. 그러나 말로써 모든 것을 표현할 수 없다. 그러므로 사람은 「격물치지格物致知」의 식견을 가지고 있어야 한다. 그래야 사물을 보면 그 알음을 금방 알아차리게 된다. 이것이 중요하다.

차 한잔으로 시작한 스님의 다담은 어느덧 심오한 철학의 이야기로 바뀌어져 있었다. 바로 그때 스님을 찾는 손님들이 들이닥쳤다. 스님은 마지못해 자리에 일어서서 바깥으로 나가셨다. 오늘 다담의 핵심주제는 발광체가 되는 것, 십자가와 불상, 다반향초의 의미 해석이었다.

이 말을 듣고 모두 숙연해져 있는데, 스님은 "오늘 수업은 끝났습니까?" 하시더니 바깥으로 나가시더니 문이 반쯤 열린 민화반으로 들어가셨다. 그러나 스님이 남긴 여운은 다락방에 여전히 진하게 남아 있었다.

•
•
다도의
본질

•

1.

오늘은 회원들의 제다체험이 있었다. 그리하여 8시경부터 차밭에 모여 차잎을 따는 작업부터 시작했다. 그리고는 제다실에 차를 덖는 작업을 했다. 이러한 과정을 스님은 처음부터 끝까지 지켜보셨다. 그리고 토굴에서 점심 공양을 하신 후에 다락방으로 오셨다. 오늘의 대학원 수업은 「다산茶山 정약용丁若鏞(1762~1836)의 걸명소」와 「다케노 조오武野紹鷗(1502~1555)의 차사상」이었다. 스님도 두 개의 수업을 다 들으시고 우리들에게 다음과 같은 말씀을 하셨다.

2. 다법은 본질이 아니다.

　다도에는 다법이 있다고 한다. 다법은 규범을 의미하는 것이다. 다인이 다법을 지키는 것은 규범을 따르는 것과 마찬가지이다. 규범을 철저히 지켜 능숙해진다고 해도 그것은 능숙한 것에 불과하다. 그렇게 하면 달인의 경지에 까지 가지 않는다. 왜냐하면 그 사람은 규범에 벗어나지 않기 위해 신경을 쓰기 때문이다. 그렇게 되면 그의 동작(행위)에는 항상 긴장성이 있기 마련이며, 긴장성이 있는 한 절대로 그 이상의 선을 넘지 못한다. 달인이란 자신이 무슨 짓을 하였는지 모르는 경지까지 가야한다. 옛 말에 이러한 것이 있다 하시며 다음과 같은 글귀를 쓰셨다.

　　不知手之舞之足之蹈之　　손이 춤추고 발을 구르는 것을 자신도 모른다.

　이 말은 『예기禮記』의 「악기」 편에 나오는 말이다. 그 부분을 소개하면 다음과 같다.

　　정자가 말하였다. "논어를 읽으매 어떤 자는 읽고 나서도 전혀 아무 일이 없었던 것과도 같다. 어떤 자는 읽고 나서 그 중의 한두 구절을 깨닫고 기뻐한다. 또 어떤 자는 읽고 나서 참으로 배움을 즐기는 경지에 오르는 자도 있다. 그런데 어떤 이는 읽고 나서 곧바로 자기도 모르게 손으로 춤을 추고 기뻐 발을 구르는 자도 있다."
　　程子曰: "讀論語, 有讀了全然無事者; 有讀了後, 其中得一兩句喜者; 有讀了後, 知好之者, 有讀了後直有不知手之舞之足之蹈之者."

위의 내용에서 보듯이 「손으로 춤을 추고 기뻐 발을 구른다」는 것은 깨달음의 기쁨을 표현한 것이다. 스님은 이를 두고 무도舞蹈에 관한 말이라 하셨다. 무도란 손으로 춤을 추고, 발로 밟아야 나오는 것이다. 그것이 춤이다. 그런데 춤의 달인은 춤을 추면서도 자신의 몸(동작)이 어떤 형태를 갖는지를 모른다. 그 경지까지 가야 달인이라 할 수 있다. 이를 다르게 표현하면 「나의 몸의 동작이 어떤 형상을 하고 있는지를 알지 못한다自不覺身作化像」라고도 할 수 있다고 하셨다.

스님이 이 말을 하신 것은 다도의 본질은 규범(다법)에 있는 것이 아니라는 것을 강조하신 것이다. 그것은 규범에 따라 익숙해진 다음에는 자신이 어떠한 행동을 취하는 것이지도 모를 만큼 자연스러워야 한다는 것을 강조하신 것이다. 그러면서 다인은 본질을 찾는 작업을 끊임없이 하여야 한다고 하시며 다음과 같은 글귀를 쓰셨다.

3.

物有本末하고 事有終始하니 知所先後하면 則近道矣리라.
모든 만물에는 근본과 말단이 있고, 모든 일에는 시작과 끝이 있나니. 먼저 하고 뒤에 할 바를 알면, 도에 가까워질 수 있을 것이다.

이 말은 『대학大學』에 나오는 말이다. 이 말을 하시고는 다시 「아는 것이 어려운 것이 아니라, 그것을 행하는 것이 어려운 것이다非知之難而行之難」이라고 또 한 글귀를 적어셨다.

224

불가에서는 본질을 파악하지 못하고 엉뚱한 짓을 하는 자들을 보고 「위입서궁蝟入鼠宮하지 말고, 적엽심지摘葉尋枝 말라」는 말을 자주 한다. 「위입서궁」이란 좁은 쥐의 집에 들어가 나오지 못하는 고슴도치를 말하고, 「적엽심지」는 뿌리를 두고 「잎을 따고 가지 찾는다」는 뜻이다. 이 말 모두 시야가 좁아 근간을 파악하지 못하고 엉뚱한 것에 매달려 있는 것을 비유한 말이다.

수행자가 본질을 파악하지 못한 채 엉뚱한 것을 구하다가는 결국 아무것도 얻지 못하게 된다. 『황룡혜남선사어록黃龍慧南禪師語錄』에서는 이를 경계하여 다음과 같이 말을 하고 있다.

趙州有語庭前柏　　조주 선사가 말했던 뜰 앞의 잣나무가
禪者相傳古復今　　수행자들에게 오늘날까지 전해지고 있다마는
摘葉尋枝誰有解　　잎이나 따고 가지나 찾아서는 누가 깨닫게 될 것이며
那知獨樹不成林　　한 나무로는 숲이 되지 못하는 것을 어찌 알 수 있으랴

이 시에서 보는 것처럼 뿌리를 두고 「잎이나 따고 가지나 찾아서는 어느 누가 깨달을 수 있게 되겠는가摘葉尋枝誰有解」라 했던 것이다. 그러기 위해서는 「한 나무로는 숲이 되지 못하는 것을 어찌 알 수 있으랴那知獨樹不成林」라는 말처럼 숲을 이루는 나무를 볼 것이 아니라, 나무들이 구성되어 이루고 있는 숲을 볼 필요가 있다.

당나라 시인 왕지환王之渙(688~742)의 시 중 「등관작루登鸛雀樓」라는 다음과 같은 시가 있다고 하시면서 다시 노트에 적어셨다.

다도의 본질

白日依山盡	흰 해는 뉘엿뉘엿 서산으로 지고
黃河入海流	황하는 넘실넘실 바다로 흘러가는데
欲窮千里目	천리를 한 눈에 보고자 하여
更上一層樓	다시금 한 층루를 오르네

이 시를 쓴 시인도 서산으로 지는 해와 바다로 흘러가는 황하의 모습을 펼치는 천 리를 한눈에 보기 위해, 1층에서 다시 한층 더 오르듯이 사물은 크게 보아야 하고, 또 본질을 꿰뚫어 보아야 한다.

4. 축괴가 되지 말라

경상도에서는 바보를 「축쾡이」 또는 「축구」라고 한다. 원래 그것은 『전등록傳燈錄』에 나오는 「한로축괴 사자교인韓獹逐塊 獅子咬人」에서 나온 말이다. 여기서 한로韓獹란 중국 전국시대에 있었던 명견의 이름이다. 그 개는 세상에 널리 알려진 명견이지만 개의 습성을 버리지 못해 사람이 흙덩이를 던지면 그것을 쫓아간다. 그러나 백수의 왕인 사자는 사람이 흙을 던지면 흙덩이를 따라가지 않고 던진 사람을 물어버린다. 이처럼 사자는 본질을 꿰뚫어 보기 때문에 흙덩이를 쫓는 것이 아니라, 사람(본질)을 물어버린다는 뜻이다. 경상도에서는 한로축괴를 축괴로 줄여서 바보라는 의미의 말로 사용한다.

이 이야기는 견성하고 성불하는 법이 어디에 있느냐 하는 것을 가르치는 우화이다. 한로와 같이 흙덩이를 쫓아가는 사람이 되어서는 안 된다. 만일 다인들이 자신의 다법을 놓고 옳으니 그르니 하며 시시비비를 가리는 것은 한로와 같이 본질을 보지 못하고 흙덩이를 따라가는 것과도 같다. 법이란 본심을 깨닫는 것에 있듯이 다도도 본심(마음)을 깨닫는 데 있다는 것을 잊지 말아야 한다.

이렇게 말씀을 하셨을 때 성보박물관장 송천스님이 찾아와 바깥에서 스님의 말씀이 끝나기를 기다리고 있었다. 이를 알아차린 스님은 서둘러 다도를 행하는 사람들은 한로가 되어서는 안 되며, 사자가 되라고 다시 한번 강조하시면서 바깥으로 나가셨다.

다도의 본질

절의 상식과
다인의 자세

오늘은 특별한 모임이 있었다. 회원들뿐만 아니라 그들의 짝지 남편들도 함께 참석하는 자리를 마련한 것이었다. 스님도 이를 매우 좋아하시면서 이 모임은 주도반으로 하면 좋겠다 하시면서, 지도교수는 스님이 직접 맡으시겠다고 농담을 하셨다.

이렇게 다락방의 다담은 시작되었다. 그때 한 남성 회원이 스님께 질문을 던졌다. "스님. 저는 절을 좋아하고 법당에 앉아서 가만히 앉아있으면 마음이 편안해집니다. 그러나 절의 예법을 몰라 어떻게 행동하면 좋을지 모르는 때가 많은데, 그럴 때 어떻게 처신하면 좋겠습니까?" 하고 묻자, "그것은 상식에 의거하여 행동하면 된다. 그 상식은 일반사회에서 통하는 에티켓과 같은 것이다. 너무 잘하려고 해도 안 되고, 너무 못하려고 할 것도 없다. 그것이 기본이고 기준이다."

사람마다 근기가 다 다르다. 그러므로 그 근기에 맞추어야 한다. 의사는 먼저 병을 알아서 약을 주는 일이다. 이러한 것을 절에서는 지병설약知病設藥이라 한다. 어떤 사람은 다리가 아프고, 어떤 사람은 배가 아픈데 똑같은 약을 줄 수는 없다. 복용을 하고 하지 않는 것은 환자의 마음에 달렸다. 법은 보편타당성에 의거하여 만든 것이다. 익사사건이 일어나는 위험한 곳에 입수금지라는 경고문을 붙인 것은 보편타당성에 의거하여 금지문을 붙인 것이지, 조오련, 박태환과 같은 훌륭한 수영선수를 고려한 것이 아니다. 법도 이와 마찬가지이다. 예외를 인정할 수 없다. 그 기준이 보편타당성에 있는 것이며, 그것이 절의 상식이라고 보면 된다고 하셨다.

이 말을 듣고 또 한 회원이 스님께 "옛날 스님들은 차를 끓여서 드셨습니까? 지금처럼 우려서 드셨습니까?" 하고 물었다. 그러자 스님은 옛날에는 차가 없어서 대용차를 많이 사용하였으며, 통도사의 경우 마가목차를 만들어 마시고 헌다하는 경우가 많았다. 그것도 만드는 계절이 정해져 있는데, 대개 서리가 내린 이후 즉, 초겨울에 산에 가서 가지를 꺾어다가 차로 만들었다. "전차煎茶라는 말이 있듯이 차를 우리는 것이 아니라 끓이거나 달여서 마셨다. 그리고 차를 끓여서 먹던 시대에 선사들은 찻물이 끓는 소리를 솔바람에 비유하여 "송도松濤"라 했다. 여기까지 말씀을 하시더니 한 소절의 싯구가 생각나셨는지 다음과 같은 시를 노트에 적으셨다.

山頭月掛雲門餠　　산꼭대기에 걸린 달은 운문의 떡이요
屋後松煎趙州茶　　집 뒤에 차 끓는 소리는 조주의 차이다

이 시의 「송전松煎」은 소나무가 아닌 차를 끓이는 소리를 말한다. 즉,

절의 상식과 다인의 자세

諸佛居何處 性坡

차를 소나무에 비유하고 있는 것이다.

　이 말을 듣고 있다가 한 회원이 느닷없이 다른 질문을 스님께 던졌다. "스님 다도에 있어서 무엇이 가장 중요하다고 생각하십니까?"고 했다. 오늘은 이상하게도 주제가 들쑥날쑥 일관성 있게 흐르지 않았다. 그럼에도 스님은 이 질문을 받으시고는 즉답을 피하시더니, 다음과 같은 싯구를 적어셨다.

心不治不正	마음은 다스리지 않으면 바르지 못하고
髮不理不整	머리카락은 다듬지 않으면 가지런하지 않다
理髮當以梳	머리 털을 빗는 것은 마땅히 빗으로 해야 하고
治心當以敬	마음을 다스리는 것은 응당 공경함으로 해야 한다.

　이 시는 조선 중기의 시인 석주石洲 권필權韠(1569~1612)*의 「소명梳銘」

---

*　본관은 안동. 자는 여장(汝章), 호는 석주(石洲). 승지 권기(權祺)의 손자이며, 권벽(權擘)의 5남이다. 정철(鄭澈)의 문인으로, 성격이 자유분방하고 구속받기 싫어하여 벼슬하지 않은 채 야인으로 일생을 마쳤다. 술로 낙을 삼아, 부인이 금주를 권하니 시 「관금독작(觀禁獨酌)」을 지었다. 젊었을 때에 강계에서 귀양살이하던 정철을 이안눌(李安訥)과 함께 찾아가기도 했다. 동료문인들의 추천으로 제술관(製述官)이 되고, 또 동몽교관(童蒙教官)에 임명되었으나 끝내 나아가지 않았으며, 강화에서 많은 유생을 가르쳤다. 임진왜란 때에는 구용(具容)과 함께 강경한 주전론을 주장했다. 광해군 초에 권신 이이첨(李爾瞻)이 교제를 청했으나 거절했다. 유희분(柳希奮) 등의 방종을 임숙영(任叔英)이 「책문(策文)」에서 공격하다가 광해군의 뜻에 거슬려 삭과(削科)된 사실을 듣고 분함을 참지 못하여 「궁류시(宮柳詩)」를 지어서 풍자, 비방하였다. 이에 광해군이 대노하여 시의 출처를 찾던 중, 1612년 김직재(金直哉)의 무옥(誣獄)에 연루된 조수륜(趙守倫)의 집을 수색하다가 연좌되어 해남으로 귀양가다가 동대문 밖에서 행인들이 동정으로 주는 술을 폭음하고는 이튿날 44세로 죽었다. 시재가 뛰어나 자기성찰을 통한 울분과 갈등을 토로하고, 잘못된 사회상을 비판 풍자하는 데 주목할 만한 성과를 거두었다. 인조반정 이후 사헌부지평에 추증되었고, 광주(光州) 운암사(雲巖祠)에 배향되었다. 묘는 경기도 고양시 위양리에 있고, 묘갈은 송시열(宋時烈)이 찬하였다. 『석주집(石洲集)』과 한문소설 「주생전(周生

이라는 시이다. 「소명」이란 말을 오늘날 말로 풀어서 말하면 「빗에 새긴 시」라는 뜻이다. 이상의 내용에서 보듯이 시인은 마음을 다스리는 것을 절묘하게 머리카락을 다듬는 것에 비유하고 있다. 그 중에서도 스님은 후반부에 중점을 두고, 머리카락을 다듬는 일은 마땅히 빗으로 하지만, 마음 다스림은 공경으로 해야 한다. 그와 같이 다도에서도 무엇보다 서로 존중하는 공경심이 중요하다고 하셨다. 이러한 대답은 미묘하게 사람의 근기에 따라 처방해야 한다는 앞에서 말씀하신 「지병설약」의 이야기와 미묘하게 맞닿아 있다. 즉, 마음을 다스리는 것과 머리카락 다듬기는 서로 성격과 목적이 달라 당연히 그것에 필요한 도구도 다를 수밖에 없다. 그것을 상징적으로 표현한 것이 공경과 빗이었던 것이다.

스님이 쓰신 「소명」이라는 제목의 시는 조선 중기 권득기權得己(1570~1622)*, 그리고 조선 후기의 실학자 이덕무李德懋(1741~1793)**도 쓰고 있다.

傳)」이 현전한다.

* 본관은 안동. 자는 중지(重之), 호는 만회(晚悔). 권박(權博)의 증손으로, 할아버지는 종묘서령 권덕유(權德裕)이고, 아버지는 예조판서 권극례(權克禮)이며, 어머니는 윤천석(尹天錫)의 딸이다. 큰아버지인 선공감역 권극관(權克寬)에게 입양되었다. 1589년(선조 22) 진사시에 합격하고, 1610년(광해군 2) 식년문과에 장원급제하여 예조좌랑이 되었다. 그 뒤 광해군이 모후를 서궁에 유폐하고 영창대군을 살해하는 등 정치가 혼란하여지자 관직을 버리고 야인생활을 하였다. 1618년에 고산도찰방(高山道察訪)이 되었다. 죽은 뒤 공조참관이 추증되고, 대전의 도산서원(道山書院)에 제향되었다. 저서로는 『만회집』, 『연송잡기(然松雜記)』 등이 있다.

** 조선후기 『관독일기』, 『편찬잡고』, 『청비록』 등을 저술한 유학자이자 실학자이다. 1741년(영조 17)에 태어나 1793년(정조 17)에 사망했다. 독학으로 경서와 사서 및 고금의 기문이서에 통달했다. 문장도 뛰어나 명성이 중국에까지 알려질 정도였다. 북학파 실학자들과 깊이 교유했고 중국 고증학 대가들의 저서에 심취해 서장관으로 연경에 가서 청의 문물에 대해 자세히 기록해 오고 고증학 관련 책들도 들여왔다. 서자여서 크게 중용되지 못했으나 규장각 검서관으로서 많은 서적의 정리와 교감에 종사했다. 글씨와 그림에도 뛰어났다.

절의 상식과 다인의 자세

그런데 이들도 공교롭게 권필과 마찬가지로 머리를 빗는 사물의 빗과 마음을 다듬는 공경을 대비시키고 있다는 공통점이 있다. 예를 들면 권득기는 다음과 같이 노래를 불렀다.

頭有垢梳以攘之　머리카락에 먼지가 있으면 빗으로 씻어낸다.
身有愆禮以防之　몸에 허물이 있으면 예절로써 방지한다.
心有妄敬以將之　마음에 망념이 있으면 경건함으로써 내보낸다.

이처럼 권득기는 빗과 예절, 그리고 경건함으로, 먼지와 허물 그리고 망념을 쓸어버린다고 했다. 이처럼 그 용도에 따라 각기 다른 것을 사용하고 있다는 점에서는 앞의 권필과 같다. 이에 비해 이덕무는 그들과 약간 다르게 표현했다. 그의 저서 『청장관전서青莊館全書』(권4)에 수록되어있는데, 그것을 소개하면 다음과 같다.

梳之前不識以爲功　빗질하기 전에는 유익한 줄을 몰랐더니
梳之後頓覺益于軀　빗질한 후에는 문득 몸에 이익됨을 알겠네
持誠敬以爲梳　정성과 공경으로 빗을 삼으면
氣充心安樂無窮　기운이 채워지고 마음이 편안하여 즐거움이 무궁하리

이상에서 보듯이 이덕무는 빗과 정성과 공경을 따로 분리해서 생각하는 것이 아니라 통합하고 있다. 그 결과 기운도 채워지고 마음도 편안하여 즐거움도 더해간다고 한 것이다. 이처럼 「소명」이라는 같은 제목 하에 짓는다 하더라도 스님의 말씀처럼 근기에 따라 각기 다르게 표현될 수 있음을 이상

曽無彼此岸憧

235

의 세 사람이 잘 보여주고 있다 하겠다. 그러나 이들이 하나같이 공통적으로 강조하고 있는 것이 공경심이다. 그만큼 스님의 말씀과 같이 다도에서 가장 중요한 것이 공경심이라는 점을 아무리 강조하더라도 지나침이 없을 것이라는 생각이 들었다.

진정한
다인

1.

오늘도 다락방에는 회원들이 하나 둘 모여들더니, 어느덧 5,6명이 모여 차를 마시며 일상적인 환담을 나누고 있었다. 그때 스님이 들어오셨다. 다들 차를 한 모금 마시고는 이야기꽃을 피웠다. 회원들은 일본다도에 궁금증이 많아 스님에게 일본다도의 특징에 대해 질문을 했다. 그러자 스님은 지금까지 일본다도에 대해 느끼신 점을 다음과 같이 자세히 설명하셨다.

2.

즉, 일본 다도는 주객의 역할을 분명한 것 같다. 그런데 사실상 주객이 따로 없다. 내가 집에 있으면 주인이지만, 바깥에 나가면 객이다. 한 사람이 주인도 되고 객이 되듯이 문수와 보현을 다르게 설명하지만, 사실은 같은 것이다. 일본다도는 각기 다른 주와 객이 만나 서로 마음이 통해 하나가 되어 주객이 구분되지 않는 합일의 상태까지 가는 것을 목표로 삼고 있는 것 같다.

　이러한 경지가 「견성성불見性成佛」이고, 깨달음의 세계이다. 이를 다르게 표현하면 깨달음의 순간 터져 나오는 「와지일성呀地一聲」이라고도 할 수 있다. 숨바꼭질할 때 술래를 잡고 나서 손뼉을 마주치는 것은 깨달음의 순간 터져 나오는 「와지일성」을 나타낸 것이다. 또 심청전에서 심봉사가 심청을 다시 만나 눈을 뜨는 것은 견성이며, 성불을 의미한다. 중생은 눈이 있어도 진리를 보지 못하니 곧잘 당달봉사로 비유한다. 그래서 불교에서는 보는 눈眼目을 강조하는 것은 진리를 바라볼 수 있는 눈을 가져야 한다는 의미이다. 심청이가 아버지 심봉사를 만나는 것이나, 다실에 들어가 주객의 일치를 이루는 것이거나 모두 서로 통하며 의미는 같다고 할 수 있다.

3.

　그런데 주객이 하나가 되기 위해서는 「화和」가 매우 중요하다. 봄바람을 화풍和風이라 하는 것은 그것이 불어야 얼음이 녹기 때문이다. 얼음이 녹아야 물이 되는데, 물은 항상 위에서 아래로 흘러간다. 이것이 상식이다. 그런데 예외가 있다. 나무의 경우 물은 아래에서 위로 올라간다. 물이 오른다는 것은 바로 이것이다. 그런데 중요한 것은 어찌하여 물이 우리의 상식에

맞지 않게 나무에 올라가느냐는 것이다. 그것은 바로 「화和의 기氣」가 있기 때문에 올라가는 것이다. 그것이 없으면 올라갈 수 없다. 그러므로 화기和氣란 대단한 힘을 가지고 있다. 함허득통函虛得通(1376~1433)스님이 쓰신 글 가운데

風和花織地　　봄바람이 불면 꽃이 땅을 수놓고
雲淨月滿天　　구름이 걷히면 달빛이 하늘에 가득함이로다

라는 것이 있다. 여기서 나오는 바람은 봄바람이다. 그것이 가지고 있는 화의 기운이 꽃을 피워 땅에 수를 놓는다는 사실이다. 그것이 없으면 꽃이 필 수도 없고, 얼음도 녹이지 못하며, 사람에게는 행복이 오지 않는다. 가정도 마찬가지이다. 화가 있어야 가정에도 꽃이 피고, 내 마음속에도 화가 없으면 항상 절망이다. 복이 있을 수 없다. 그래서 내 마음에 화를 가지려고 한다. 그것을 가져야 복이 오지, 화가 없으면 복이 올 수가 없다. 얼어붙어있는데 어찌 올 수 있겠는가? 그래서 친화親和를 가지려고 한다. 이는 상대뿐만 아니라 나 자신하고도 친화가 있어야 한다. 찡그리고 있으면 복이 올 수가 없다. 「사주는 관상보다 못하고, 관상은 심상보다 못하다四柱不如觀相, 觀相不如心想」는 말이 있다. 이 말처럼 심상이 중요하다. 그곳에서 화가 피면 만복이 저절로 따라온다. 그러므로 화난 마음을 가져서는 안 되는 것이다.

　　이러한 것과 반대로 화를 내면 그것을 어려운 말로 진심嗔心이라 한다. 옛 시에 다음과 같은 시가 있다.

　　　　　　　　　　　　　　　　　　　　　　　진정한 다인

嗔是心中火	성냄은 마음의 불이요
燒盡功德林	공덕 숲을 다 태워버린다.
欲行菩薩道	보살도를 행하고자 할진데는
忍辱護眞心	인욕으로 참 마음을 지켜라.

이처럼 다인들은 화난 마음을 가져서는 안 되며, 그와 반대되는 화기和氣를 가져야 한다. 그러므로 로지를 통해 다실로 들어가 화기로서 주와 객이 하나가 되어 성불을 이루려고 노력해야한다. 이것이 이루어질 때 비로소 진정한 다인이라 할 수 있다.

이렇게 말씀하시고는 차를 한잔 들이켜셨다. 그때 회원들이 지금까지 이러한 법문은 처음 들어보았다고 감탄사를 연발하자 스님은 나의 지식은 「고인이 먹다 남은 술찌꺼기古人糟粕之旨」에 불과하다고 겸연쩍어 하시면서 저녁 공양하러 가셨다.

배움에
하심下心이 중요하다

•

오늘 수업이 끝나고, 회원들은 각자 집에서 가지고 온 반찬과 밥을 놓고 맛있게 나누어 먹었다. 다락방이 갑자기 차가 아닌 밥 먹는 공간으로 바뀌었다. 스님도 오랜만에 우리와 함께 식사를 하셨다. 식사가 끝나고 자연스럽게 차 마시는 시간이 되었다. 이때 한 회원이 스님에게 "다도를 어떤 자세로 배우면 좋을까요?"라고 물었다. 그러자 스님은 다음과 같은 글귀를 노트에 적었다.

1.

江河卑於百川故 白川之水가 咸集江河 故로 君子卑以而自牧

시냇물보다 낮기 때문에 백천지수가 강하로 다 모이므로 군자는 자기를 낮춤으로써 자신을 기른다.

여기서 말하는 강하는 큰물이고, 백천은 시냇물을 말한다. 이 말은 강하가 시냇물보다 낮기 때문에 백가지 시냇물이 그곳으로 흘러서 모여든다. 강이 개천보다 낮기에 온갖 개천물을 다 담을 수 있으나 그와 반대로 강이 개천보다 높으면 어떠한 물도 담을 수 없다. 이처럼 겸손하고 마음을 비워야 많은 것을 담을 수 있다. 이것은 평범한 진리이라고 힘주어 말하시더니 다음과 같은 글귀를 적어셨다.

삼인행지三人行之에 필유아사必有我師
(3명이 함께 길을 가면 그곳에는 반드시 스승이 있다)

이 말처럼 함께 길가는 사람들 중에는 좋은 사람이든 나쁜 사람이든 반드시 배울 것이 있다. 그러므로 먼저 남의 말을 잘 듣는 훈련이 필요하다. 그러기 위해서는 자신을 낮추는 자세가 필요하다. 이를 유교에서는 "군자는 낮추어 스스로 기르는 자이다君子卑以而自牧."라는 말이 있다. 여기서 목牧이란 기른다는 뜻이다. 이 말을 살려 만들어진 것이 목동牧童이며, 목사牧師이다. 그러나 군자는 그들과 다른 점이 있다. 자신을 낮추어야 하는 것이다.
　이러한 마음을 불교에서는 하심下心이라 한다. 바로 이러한 마음의 자세가 일어나야 한다. 하심은 포용하는 의미에서 자기 자신을 낮추는 것이기도 하지만, 자기에 대한 자신과 용기가 없으면 이루어지지 않는다. 특히 불교에서는 하심을 모범적으로 하는 상불경보살常不輕菩薩이 있다. 항상 남

246

을 가볍게 대하지 않는 보살이다. 이는 자신으로 하여금 하심하는 것을 표현한 것에 불과하다. 하심은 수행자들에게도 중요하나, 무언가를 배울 때는 절대로 필요한 자세이다. 그 뿐만 아니라 배울 때는 「자자근근仔仔勤勤(부지런함)」, 「근이무가지보勤而無賈之寶(근면함이 둘도 없는 보물이다)」이라는 말처럼 배우는 데 있어 무엇보다 필요한 것은 근면과 성실이다.

그러시고는 스님은 겸연쩍은 듯이 "나는 정식의 학교교육을 받은 것은 얼마 되지 않는다. 그 때문에 나는 평생 학인이라는 마음으로 살고 있다. 특히 평생 한 우물을 판 전문가들과 사귀려고 노력한다. 그러한 전문가 50명과 사귀면 5백 살까지 사는 것과 마찬가지이다. 그 나이까지 살겠다는 것이 나의 목표이다."고 말씀하셨다. 그리고 스님은 "나는 아직도 지식이 고프다."고 하시며 다음과 같은 글귀를 적어셨다.

용장勇將이 불여지장不如智將이요, 지장智將이 불여덕장不如德將이라.

이것은 아무리 용맹한 장수라 할지라도 꾀가 있는 지장보다 못하고, 아무리 꾀가 있는 장수라 할지라도 덕이 있는 장수보다 못하다는 뜻을 가진 말이다. 모두를 이길 수 있는 덕장이 되려면 강하와 같은 마음을 가지고 있어야 한다. 그것이 곧 하심이다. 그래야 위대한 인물이 될 수 있다. 그와 반대로 자신을 잘났다고 으스대는 것을 자고병自高病이라 한다. 강하가 낮기 때문에 그곳에는 모든 물이 모여들지만 스스로 높다 하면 아무 것도 몰려들지 않는다. 이와같이 하심하는 자세로 다도를 배우는 것이 무엇보다 중요하다고 하셨다.

여기까지 스님의 말씀을 듣고 나니 문득 "내가 100살 노인을 만나서도

248

가르쳐줄 것이 있으면 가르칠 것이고, 여덟 살 소년을 만나서 그가 내게 가르쳐줄 것이 있으면 배울 것이다."고 한 조주 선사의 말이 생각났다. 조주선사도 여든 살이 되어서야 가르쳐도 될 만큼 성숙했다고 여겨 선방을 열었고, 스님도 여든이 넘어서 그것을 실천할 수 있는 다락방을 우리들에게 내어주셨다. 여기서 나이를 떠나서 배움의 길을 열어가는 것이 우리의 몫이 아닐까하는 생각이 들었다.

차시배지와
토끼의 지혜

1.

　　오늘 연구회의 주제는 「차시배지」에 관한 논쟁이었다. 보통 우리 차의 시작은 왕명을 받들어 대렴이 당을 방문하고 돌아올 때 차씨를 가져와 지리산에 심었다는 내용이 『삼국사기三國史記』에 있다. 그것은 마치 곡물기원신화와 같이 전설과 같은 내용이지만, 이를 많은 사람들이 역사적 사실로 믿었다. 또 다른 전승이 있다. 그것은 당나라 장수 소정방蘇定方(592~667)이 백제를 공격할 때 차씨를 가져와 지리산에 심었다는 것이다. 이것 또한 역사적 사실이라기보다는 전설과 같은 이야기이다. 차씨의 전래자가 다르지만 두 내용의 공통점은 지리산에 심었다는 것이다. 그런데 문제는 지리산 어디라고 지정해놓고 있지 않다는 점이다. 이것으로 인해 현재 지리산에는 구례 화엄사華嚴寺 시원설과 하동 쌍계사雙磎寺 시원설로 나뉘어져 있다. 차시배지라는 기념비도 이 두 지방에 각각 있다. 그 뿐만 아니라 그러한 논쟁에 울산과 보성이 뛰어들어 그곳에서도 차시배지라는 기념비 및 안내판을 세워 홍보하기 시작했다.

2.

이러한 일련의 사태를 들으시고, 스님은 다음과 같은 아주 재미난 동물 우화하나를 소개하셨다.

옛날 토끼, 여우, 거북이가 여행을 하고 있었다. 이 세 명은 너무나 배가 고파 기진맥진하고 있었을 때, 마침 떡장수 할머니를 만났다. 이들은 상의하여 떡을 빼앗아 먹기로 했다. 그런데 이들은 훔치기도 전에 누가 먼저 먹을 것이냐는 순서부터 정하기로 하자는 데 합의를 하고 그것을 나이 많은 연장자 순으로 하자고 합의를 보았다. 그러자 거북이가 나서서 말했다. "내 나이는 삼천갑자 동방삭과 같은 나이이다." 했다. 이 말을 들은 여우가 "나는 천지개벽할 때 태어났다."고 주장했다. 이 말을 조용히 듣고 있던 토끼가 이렇게 말했다. "그래 맞다. 천지개벽할 때 여우가 태어나는 것을 내가 직접 눈으로 보았다."고 말하는 것이었다. 스님의 이야기는 여기서 끝이 났다.

차시배지와 토끼의 지혜

3.

그러시면서 차시원지를 밝히는 것도 중요하지만, 그것은 가능한 일도 아니기 때문에 그보다 차에 대한 본질적 의미를 찾아야 한다고 강조하셨다.

거북이와 여우는 자신이 나이 많다는 것을 일방적으로 주장하였지만, 토끼는 여우의 주장을 부정하지 않고 자신의 나이를 나타내지 않으면서도 자신의 우위를 은근히 드러내어 최종의 승리를 거두고 있다는 데 매력이 가해진다. 요즘 사람들은 남의 말을 듣기보다는 자신의 눈으로 보고, 들은 것만으로 옳다고 주장하는 일이 많을지 모른다. 그렇게 되면 아무리 좋은 의견일지라도 남에게 받아들여지지 않고 감정싸움만 되풀이될 가능성이 높다. 그러할 때 남의 주장도 부인하지 않고, 자기주장도 강하게 드러내지 않고, 자신의 의견을 펼치는 토끼의 지혜가 필요한 것이 아닌가. 이러한 토끼 이야기를 하시고는 저녁 공양 드시러 황급히 토굴로 내려가셨다.

차시배지와 토끼의 지혜

차 한잔으로
도를 논하다

오늘 〈차문화 연구회〉에서는 「전남 구례지역의 차문화」에 대한 연구 발표가 있었다. 커다란 주제 「지리산의 차와 역사 문화」의 일환으로 지난주에 이어 오늘도 그것과 관련한 성의 있는 발표와 열띤 토론이 있었다. 스님은 오늘 외지로 출타하셨다가 저녁 6시경에 돌아오셨다. 그때 한 회원이 오늘 있었던 연구발표 내용을 스님께 간략히 설명을 드렸다. 그러자 스님은 차란 승려들과 떼려야 뗄 수 없는 관계에 있다 하시면서 다음과 같은 글귀를 쓰셨다.

山僧計活茶三碗   산승의 생계는 차 석잔이요
漁夫生涯竹一竿   어부의 생애는 대나무 낚시대 하나로다

이를 두고 스님은 '산에 사는 승려들은 생활하는 데 차 세 잔이면 족하고, 어부는 한평생 사는데 낚시대 하나만 있으면 된다'는 뜻이라고 하셨다. 이 글은 원래 『사조고승전四朝高僧傳』에 나오는 유명한 글귀로 원문은 "산승의 생계는 3정보의 차밭이요, 어부의 생애는 대나무 낚시대 하나로다山僧活計茶三畝 漁夫生涯竹一竿."로 되어있다.

이를 다시 해석하면 가난한 어부가 낚시대 하나로 일생을 살아가듯이 탁발로 얻은 재물로 매일 살아가는 선승들에게는 이렇다 할 재산이 있을 리가 없고, 크게 필요도 없다. 만일 꼭 필요하다면 암자 앞에 3정보 정도 차밭 할 정도의 땅이 있으면 족하다는 뜻이다. 그와 동시에 선승들에게 차란 얼마나 필수부가결한 물건임을 알게 하는 내용이다. 3정보의 차밭茶三畝을 차 세잔茶三碗으로 바꾼 것이지만 뜻은 같다. 이러한 승려들에게 땅이 필요하다면 그들이 마실 차를 만들 수 있는 약간의 차밭일 것이다.

스님은 또 그것과 관련하여 또다시 붓을 들어 다음과 같은 서산대사西山大師(=휴정休靜)가 천옥선사에게 보낸 선시의 글귀를 적어셨다.

晝來一盌茶　　낮이 오면 차 한잔이고
夜來一場睡　　밤이 오면 한바탕 잠잔다

이 글귀 또한 앞에서 말한 바와 같이 차가 승려들에게는 중요한 생활필수품이라는 것을 나타낸다고 하셨다. 이참에 서산대사의 시 내용을 모두 보기로 하자.

차 한잔으로 도를 논하다

晝來一椀茶	낮에는 차 한잔
夜來一場睡	밤에는 잠 한숨
靑山與白雲	푸른 산과 흰 구름
共說無生死	생사가 없음을 함께 말하네
白雲爲故舊	흰 구름은 옛 벗이 되고
明月是生涯	밝은 달은 내 생애로다.
萬壑千峰裏	깊은 산 속 봉우리에서
逢人則勸茶	만난 사람 차 대접하고
松榻鳴山雨	송탑松榻에 산비山雨 내리는 소리와
傍人詠落梅	옆 사람 시 읊조리는 소리에 매화꽃이 지도다.
一場春夢罷	한 바탕 봄 꿈 깨니
侍者點茶來	다동茶童이 차를 끓여 오노라.

이상의 내용은 눈을 뜨고 생활하는 낮에는 차를 마시고 자연과 벗하여 생사의 도를 논하는 선승의 모습이 아닐 수 없다. 바로 이것은 물욕에서 벗어나 유유자적하게 청빈낙도를 즐기는 선승들의 일상다반사이다. 그러한 가운데 고려의 혜심慧諶 진각국사眞覺國師(1178~1234)*는 다음과 같이 차 한잔

---

* 전남 나주 화순현(羅州和順縣) 출신. 혜심은 그의 휘(諱)이고, 속성은 최씨, 이름은 식(寔), 자(字)는 영을(永乙)이며, 호는 무의자(無衣子), 속명은 최식(崔寔). 시호는 진각국사(眞覺國師) 이다. 부친은 휘가 완(琬)인데 향공진사(鄕貢進士)를 지냈다. 모친 배씨(裴氏)가 천문(天門)이 활짝 열려 보이는 꿈을 꾸고 또 세 번이나 벼락을 맞는 꿈을 꾸고서 임신하여 열두 달 만에 낳았는데, 그 태의(胎衣)가 거듭 감겨서 마치 가사(袈裟)를 메고 있는 형상과 같았다. 분만되자 두 눈이 모두 감겼더니 7일이 지나서야 떴다. 그는 매양 젖을 먹은 뒤에는 곧 몸을 돌려 모친을 등지고 누우매 부모는 그를 괴이하게 여겼다. 1201년 신종 때 사마시에 합격하여

에 도를 담았다 하시며 다음과 같은 시를 적어셨다.

久坐成勞永夜中　　　오래 앉아 피곤을 느끼는 긴 밤
煮茶備感惠無窮　　　차 끓이며 아주 은혜가 무궁함을 깨닫는다
一碗卷却昏雲盡　　　한 사발의 차로 어두운 구름을 말아 던지니
徹骨淸寒萬慮空　　　뼈까지 사무치게 청한한 향기는 일만 생각이 모두
　　　　　　　　　　비워지더라

　　이 시는 수행 끝에 차를 마셨더니 도의 깨달음까지 도달한다는 내용을 가진 시이다. 차란 단순한 음료가 아니다. 도에 이르도록 안내한 것이다. 그러므로 차의 본질을 알아야지 제다 혹은 맛 등에 사사로운 것에 매달려서는 안 된다. 그것이 본질이 아니기 때문이다. 차 한잔으로 도를 논할 수 있어야 하는 것이다.
　　스님은 여기에서 그치지 않으셨다. 다음과 같은 글귀를 노트에 적어셨다.

태학에 들어갔다. 그 후 어머니의 병환으로 집에 머물면서 불경을 탐독하였다. 어머니가 사망한 후 조계산에 들어가 보조국사 지눌 밑에서 승려가 되었다. 스승인 지눌의 생전에는 직책을 맡는 것을 거듭 사양하였으나, 1210년 지눌이 죽자 왕명으로 수선사로 들어가 그의 뒤를 이어 수선사 결사의 2대조가 되었다. 그 후 고종이 즉위하자 선사에 제수 되었으며 이어 대선사에 올랐다. 승과(僧科)에 응시하지 않고 승직에 오른 드문 경우이다. 보조국사 지눌의 뒤를 이어 보조의 선(禪) 사상을 발전·종합하고 간화선 수행방법을 고려불교에 정착시킨 인물로 평가받는다. 송광사에 진각국사 원조탑(覺圓照)이 있다. 저서로『선문염송』·『심요』·『무의자 시집』 등이 있다.

차 한잔으로 도를 논하다

我今一椀茶　　내가 지금 마시는 차 한잔은
能消萬古愁　　만고의 근심을 다 없앤다

또 이어서 글을 쓰니 다음과 같은 글을 쓰셨다.

喫茶山亭　　산정에서 차 마시니
不可說味　　그 맛은 말로 다 표현할 수 없다.

그리고는 이 시들은 "나의 다시茶詩이다." 하시고는 "오늘은 저녁 밥하러 안갑니까." 하시더니 허리를 굽혀 꾸벅 인사를 하고 문을 열고 바깥으로 나가 토굴로 내려가셨다. 오늘도 스님은 외형만 따지는 우리들에게 차란 무엇인가를 일깨워주는 중요한 화두를 던져주시고 가신 것이다.

찻잔에 담긴
의미

1.

오늘은 수업이 끝나고 스님께서 사주신 오븐으로 피자를 구워먹었다. 산사에서 먹는 피자 맛이 일품이었다. 그리고 차를 마셨다. 그때 한 회원이 다완의 쓰임새에 대해 물었다. 아마도 그 질문은 묘용妙用을 염두에 둔 것으로 보인다. 그러자 스님은 찻잔을 가리키면서 이것 자체는 체體이고, 그것의 쓰임새가 용用이다. 이 그릇에 좋은 음식을 담을 수도 있고, 아니면 허드레의 것으로 쓸 수도 있다. 쓰임새가 잘 쓰는 것이 선용善用 또는 묘용妙用이라 한다. 옛 말에 다음과 같은 말이 있다

苟求壯士徒無力　　억지로 구하려하면 힘이 닿지 않고
善用愚夫亦有名　　잘 쓰면 어리석은 지아비도 유명해진다

　이것은 돈에 관한 시인데, 여기서 말하는 선용이란 묘용과 같은 말이다. 돈도 잘 쓰기 나름이다. 잘 쓰면 어리석은 지아비라 할지라도 이름을 얻을 수 있다. 이처럼 체를 잘 쓸 필요가 있다고 알기 쉽게 설명하셨다.
　이 시는 우리에게 박문수朴文秀(1691~1756)가 쓴 시로 알려져 있다. 그 전문을 소개하면 다음과 같다.

周遊天下盡歡迎　　이 세상 어느 곳을 가도 환영을 받고,
興國興家勢不輕　　국가나 개인이나 돈이 많으면 세력을 가벼이 보지 않으며,
去復還來來復去　　갔다간 돌아오고 돌아갔다간 다시 오고,
生能使死死能生　　산 자 능히 죽일 수 있고 죽은 자 살릴 수 있으며,
苟求壯士徒無力　　힘센 장사라도 그 앞에는 무릎을 꿇고,
善用愚夫亦有名　　바보라도 잘만 쓰면 세상에 이름을 날리며,
富恐失之貧願得　　부자는 잃을까 두렵고 가난한 자는 얻기를 원하고,
幾人白髮此中成　　그런 가운데 몇 사람이나 늙었던가

　이러한 시 가운데 돈을 잘 사용하는 부분을 골라 우리에게 소개하면서 묘용을 설명하신 것이었다.

常棣國泰民安 甲申 性坡 🔲🔲

264

一段風光畫不成
煩惱

2.

그리고는 잠시 바깥으로 나가시더니 한손에 짐꾸러미를 들고 다락방을 다시 찾으셨다. 짐 꾸러미 속에는 스님이 직접 만드신 찻잔들이 들어있었다. 이를 끄집어내시더니 한 명에 하나씩 나누어 주셨다. 그 잔은 스님이 옻칠한 것으로 고대의 솥 삼족정三足鼎과 같이 세 다리가 달려있는 것이 특색이었다. 그런데 크기가 크지도 작지도 않은 것이 한 손으로 잡기는 불편했다. 그리하여 두 손으로 잡아야 마시기에 편했다. 이것을 받아들인 회원들은 손에 쥐고 기뻐하며 자기 찻잔을 집어넣고 그 잔으로 차를 마시기 시작했다. 그때 한 회원이 "스님이 주신 찻잔은 한손으로 잡으면 불편하고, 양손으로 잡으면 안정감이 있습니다. 그것에는 어떤 의미가 있는 건가요?" 하고 물었다.

그러자 스님은 잠시 머물더니 "차란 경敬이 없으면 안 된다. 손에는 다섯 손가락이 있다. 이는 오방五方을 뜻한다. 오방의 개념에는 하늘과 땅은 없다. 그것을 포함시키려면 동서남북(중앙)이라는 개념에서 상하上下가 더해 져야 시방十方이 된다, 즉, 오방과 우주를 포함시켜야 하는 것이다. 그러므로 합장이란 상하의 오방이 합해져 시방세계를 한 방향으로 묶는다는 것을 표현한 것이다. 이를 불교에서는 합장전심合掌專心이라 한다. 더구나 합장한 손은 심장의 위치에 가지런히 갖다 댄다. 심장도 두 개로 나뉘어져 있다. 이를 하나로 모으는 것이 합장이다. 그리하여 불교에서는 예를 표할 때 합장하여 예를 표하듯이 차를 마실 때에도 상대를 존경하는 마음의 표시로 그러한 태도가 나왔으면 좋을 것 같아서 두 손으로 마시는 찻잔을 만들었다 고 말씀하셨다. 이 날부터 회원들은 스님의 찻잔을 사용하기로 했다. 이로써 스님의 찻잔이 다락방의 공식 찻잔이 되었다.

소젖과
뱀독

　점심을 먹고 나니 통도사 인근에 사는 회원들이 다락방을 찾아왔다. 그들과 함께 차를 마시며 이야기를 나누고 있었을 때 스님이 손에 작품을 들고 들어오셨다. 그것은 점심공양 이후 쓰신 『반야심경』이었다. 그것은 단순히 붓으로 종이에 쓴 것이 아니라, 철필로 옻칠판에 적으신 것이었다. 우리들은 끊임없이 작품 활동을 하시는 모습에 감탄하면서 차 한잔을 올렸다. 스님은 차를 드시더니 다음과 같은 내용의 한시를 우리들에게 소개하셨다.

松風檜雨到來初	솔바람 노송 빗소리 처음으로 들려오면
急引銅瓶移竹爐	서둘러 구리병을 죽로에서 옮겨놓고
待得聲聞俱寂後	끓는 물소리가 완전히 고요해짐을 기다렸다가
一甌春雪勝醍醐	한 사발의 춘설이 제호보다 더 낫다.

우리나라에서는 서산대사淸虛休靜(1520~1604)*의 작품으로 알려져 있지만 사실은 남송의 나대경羅大經(1196~1242)**이 지은 수필집『학림옥로鶴林玉露』에 나오는 시이다. 스님에게는 이 시가 누구의 작품인지가 중요하지 않았다.

---

* 조선 중기의 승려. 승군장. 완산 최씨. 속명은 여신(汝信), 아명은 운학(雲鶴). 자는 현응(玄應). 호는 청허(淸虛). 별호는 백화도인(白華道人), 서산대사. 풍악산인(楓岳山人). 두류산인(頭流山인). 묘향산인(妙香山人). 조계퇴은(曹溪退隱). 병로(病老)이며, 법명은 휴정이다. 평안도 안주 출신 부친은 세창(世昌), 모친은 김씨이다. 어머니 김씨는 노파가 찾아와 아들을 잉태하였다며 축하하는 태몽을 꾸고 이듬해 3월에 그를 낳았다. 3세 되던 해 사월초팔일에 부친이 등불 아래에서 졸고 있는데, 한 노인이 나타나 "꼬마 스님을 뵈러 왔다."고 하며 두 손으로 어린 여신을 번쩍 안아 들고 몇 마디 주문을 외우며 머리를 쓰다듬은 다음 아이의 이름을 '운학'으로 할 것을 지시하였다. 그 뒤 아명은 운학이 되었다. 어려서 아이들과 놀 때에도 남다른 바가 있어 돌을 세워 부처라 하고, 모래를 쌓아 올려놓고 탑이라 하며 놀았다. 9세에 모친이 사망하고 이듬해 부친이 사망하자 안주목사 이사증(李思曾)을 따라 서울로 옮겨 성균관에서 3년 동안 글과 무예를 익혔다. 그 후 과거를 보았으나 뜻을 이루지 못하고 친구들과 함께 지리산 화엄동, 칠불동 등을 구경하면서 여러 사찰에 기거하던 중, 영관대사(靈觀大師)의 설법을 듣고 불법을 연구하였고, 그곳에서 여러 경전을 탐구하여 깨달은 바가 있어 숭인장로(崇仁長老)를 스승으로 모시고 출가하였다. 1549년 승과에 급제하였고, 대선(大選)을 거쳐 선교양종판사(禪敎兩宗判事)가 되었다. 1592년 임진왜란이 일어나자 전국에 격문을 돌려서 각처의 승려들이 구국에 앞장서도록 하였다. 선조는 그에게 팔도선교도총섭(八道禪敎都摠攝)이라는 직함을 내렸으나 나이가 많음을 이유로 군직을 제자인 유정에게 물려주고, 묘향산으로 돌아가 나라의 평안을 기원하였다. 선조가 서울로 돌아오자 그는 승군장의 직을 물러나 묘향산으로 돌아와 열반을 준비하였다. 이때 선조는 '국일도 대선사 선교도총섭 부종수교 보제등계존자(國一都大禪師禪敎都摠攝 扶宗樹敎 普濟登階尊者)'라는 최고의 존칭과 함께 정2품 당상관 직위를 하사하여 나라에 있어서의 공과 불교에 있어서의 덕을 치하하였다. 그 뒤에도 여러 곳을 순력하다가 1604년 1월 묘향산 원적암(圓寂庵)에서 설법을 마치고 자신의 영정(影幀)을 꺼내어 그 뒷면에 "80년 전에는 네가 나이더니 80년 후에는 내가 너로구나(八十年前渠是我 八十年後我是渠)."라는 시를 적어 유정과 처영에게 전하게 하고 가부좌하여 앉은 채로 입적하였다. 나이 85세, 법랍 67세였다. 입적한 뒤 21일 동안 방 안에서는 기이한 향기가 가득하였다고 한다.

** 남송 길주(吉州) 여릉(廬陵) 출신. 자는 경륜(景綸), 1226년 진사가 되고, 일찍이 용주(容州)의 법조연(法曹掾)과 무주군사추관(撫州軍事推官)을 역임. 저서로는『학림옥로(鶴林玉露)』(16권)이 있다.

소젖과 뱀독

摩訶般若波羅蜜多心經

観自在菩薩行深般若波羅蜜多時照見五蘊皆空度一切苦厄舍利子色不異空空不異色色即是空空即是色受想行識亦復如是舍利子是諸法空相不生不滅不垢不淨不增不減是故空中無色無受想行識無眼耳鼻舌身意無色聲香味觸法無眼界乃至無意識界無無明亦無無明盡乃至無老死亦無老死盡無苦集滅道無智亦無得以無所得故菩提薩埵依般若波羅蜜多故心無罣礙無罣礙故無有恐怖遠離顛倒夢想究竟涅槃三世諸佛依般若波羅蜜多故得阿耨多羅三藐三菩提故知般若波羅蜜多是大神咒是大明咒是無上咒是無等等咒能除一切苦真實不虛故說般若波羅蜜多咒即說咒曰揭諦揭諦波羅揭諦波羅僧揭諦菩提薩婆訶

歲乙酉夏於北京性坡

스님은 이 시에 나타나는 솔바람, 노송 빗소리, 성문을 일차적으로는 차 끓는 소리로 보고, 이 시를 단순히 차를 마시는 행위를 묘사한 것으로 보지 않았다. 말의 바깥에 뜻이 있다는 「언외유지言外有旨」라는 말이 있듯이 그 속에 담겨진 의미를 파악한다면 솔바람과 노송의 비 소리는 세속의 번민(티끌)을 나타내고, 성문 또한 불교의 삼승三乘(성문, 연각, 보살) 중 제일 낮은 단계인 성문을 나타낸다고 보셨다.

이 시의 전체의 흐름은 솔바람, 노송 빗소리 등으로 시끄러운 세상의 잡념이 완전히 사라져 고요해졌을 때 그것이 곧 깨달음의 세계라는 것이다. 그런 연후에 마시는 차야말로 세상에서 가장 맛있는 음식 제호醍醐보다 훨씬 맛이 있다는 것으로 해석하셨다. 여기서 춘설(차)이란 곧 성불이며, 깨달음이다. 참으로 선승다운 해석이 아닐 수 없다.

그리고 스님은 이 시에서 보듯이 차란 단순히 마시는 행위에 무게를 둘 것이 아니라 정신에 두어야 한다고 강조하시면서 요즘 현대 다인들 중에는 차 종류, 차 맛, 성분, 그리고 작법 등을 가지고 자만하는 경우가 많은데, 이는 "눈먼 망아지 방울소리 듣고 따라간다."는 것과 같다. 불교 경전『초발심자경문初發心自警文』에 다음과 같은 내용이 있다.

牛飮水成乳	소는 물을 마시고 젖을 만드나
蛇飮水成毒	뱀은 물을 마시고 독을 만든다.
智學性菩提	지혜롭게 배우면 보리를 이루고
愚學爲生死	어리석게 배우면 생사를 이룬다

분명히 똑같은 물을 마셨는데도 소는 그 물로 자신의 새끼를 먹여

살릴 뿐 아니라 인간들에게도 도움을 주는 우유를 만들어내지만, 뱀은 그 물로 남을 해치는 독을 만든다. 이처럼 어떤 차를 어떻게 마시는 것이 중요한 것이 아니라, 그것을 마시고 어떤 마음을 가진 사람이 되느냐가 더 중요하다. 즉, 똑같은 사물, 똑같은 사안을 가지고도 그것을 쓰는 자가 누구냐에 따라 선한 일을 하기도 하고 악한 일을 하는 것이다. 그러므로 다인들이 마시는 차는 소와 같이 이로움을 주는 젖을 만들어야지, 뱀과 같이 독을 만들어서는 아니 된다. 이것이 다도의 목적이자 고수이라고 강조하셨다.

절 집안에서 곧잘 '유비성외乳非城外'라는 말을 사용한다. 직역하면 성 밖의 우유는 진짜가 아니라는 말이다. 다시 말해 성안에서 생산되는 우유가 진짜라는 것이다. 이러한 의미를 지니는 것이기에 못 믿을 사람을 가리켜 사용하기도 한다. 그러한 의미에서 보아 진정한 다인은 물(차)을 마시고 가짜 우유인 '유비성외'를 생산해서도 안 되며, 진짜 우유인 '성안의 우유'를 생산하여야 함도 잊어서는 안 된다고 말씀하셨다. 오늘도 스님의 차를 통한 법문은 보통을 뛰어넘었다.

노성환 魯成煥 NoSunghwan

울산대 일본어 일본학과 명예교수. 일본오사카대학 대학원졸업(문학박사), 미국 메릴랜드대학 방문교수, 중국 절강공상대학 객원 교수, 일본 국제일본문화연구센터 외국인연구원 역임, 주된 연구분야는 신화, 역사, 민속을 통한 한일비교문화론이다.

저서

『일본 속의 한국』(울산대 출판부, 1994), 『한일왕권신화』(울산대 출판부, 1995), 『술과 밥』(울산대 출판부, 1996), 『젓가락사이로 본 일본문화』(교보문고, 1997), 『일본신화의 연구』(보고사, 2002), 『동아시아의 사후결혼』(울산대 출판부, 2007), 『고사기』(민속원, 2009), 『일본의 민속생활』(민속원, 2009), 『오동도 토끼설화의 세계성』(민속원, 2010), 『한일신화의 비교연구』(민속원, 2010), 『일본신화와 고대한국』(민속원, 2010), 『일본에 남은 임진왜란』(제이엔씨, 2011), 『일본신화에 나타난 신라인의 전승』(민속원, 2014), 『임란포로, 일본의 신이 되다』(민속원, 2014), 『임란포로, 끌려간 사람들의 이야기』(박문사, 2015), 『조선 피로인이 일본 시코쿠에 전승한 한국문화』(민속원, 2018), 『조선통신사가 본 일본의 세시민속』(민속원, 2019), 『시간의 민속학 - 세상을 살아가는 시간의 문화, 일본의 세시풍속』(민속원, 2020), 『일본 규슈의 조선도공』(박문사, 2020), 『일본 하기의 조선도공』(민속원, 2020), 『한 · 중 · 일의 고양이 민속학』(민속원, 2020), 『일본에서 신이 된 고대한국인』(박문사, 2021), 『할복 - 거짓을 가르고 진실을 드러내다』(민속원, 2022), 『초암의 다실』(효림, 2022) 등

역서

『한일고대불교관계사』(학문사, 1985), 『일본의 고사기(상)』(예전사, 1987), 『선조의 이야기』(광일문화사, 1981), 『일본의 고사기(중)』(예전사, 1990), 『조선의 귀신』(민음사, 1990), 『고대한국과 일본불교』(울산대 출판부, 1996), 『佛敎の祈り〈일본출판〉(法藏館, 1997), 『일본의 고사기(하)』(예전사, 1999), 『조선의 귀신』(민속원, 2019) 등

문화와
역사를
담 다
ㅇ 4 7

성파스님의 다락방 茶樂房

초판1쇄 발행 2023년 1월 10일

그림   성파스님
글   노성환
펴낸이   홍종화

편집 · 디자인   오경희 · 조정화 · 오성현 · 신나래
              박선주 · 이효진 · 정성희
관리   박정대

펴낸곳 민속원
창업 홍기원
출판등록 제1990-000045호
주소 서울 마포구 토정로25길 41(대흥동 337-25)
전화 02) 804-3320, 805-3320, 806-3320(代)
팩스 02) 802-3346
이메일 minsok1@chollian.net, minsokwon@naver.com
홈페이지 www.minsokwon.com

ISBN   978-89-285-1797-8
S E T   978-89-285-1054-2   04380

ⓒ 성파스님 · 노성환, 2023
ⓒ 민속원, 2023, Printed in Seoul, Korea

이 책은 저작권법에 따라 보호를 받는 저작물이므로 무단전재와 복제를 금지하며,
이 책의 전부 또는 일부를 이용하려면 반드시 저작권자와 출판사의
서면동의를 받아야 합니다.